GOLDMANN
Lesen erleben

Buch

Oft bleibt heutzutage nicht besonders viel Zeit, uns um eine gesunde, ausgewogene Ernährung und den Einkauf und die Zubereitung von frischen Lebensmitteln Gedanken zu machen. Arbeit, Haushalt und Privatleben nehmen uns häufig so in Beschlag, dass aufwendiges Kochen fast unmöglich wird. Ernährt man sich weizenfrei, ist die Herausforderung noch größer. Dem schafft *Spiegel*-Bestsellerautor Dr. med. William Davis nun Abhilfe – mit seinem neuen 30-Minuten-Kochbuch. Denn er hat 200 einfache, alltagstaugliche Blitzgerichte kreiert, die es auch bei Stress oder Zeitmangel möglich machen, die köstliche weizenfreie Küche zu genießen. Von verführerischen Frühstücks- und Snackideen, glutenfreien Pasta-, Pizza- und Brotrezepten bis hin zu köstlichen Kuchen und Desserts ist alles dabei, was das Herz begehrt. Einfach und schnell, lecker und gesund – ohne Weizen!

Autor

Dr. med. William Davis ist Präventionsmediziner und Kardiologe. Er ist der Gründer des »Track Your Plague«-Programms zur Früherkennung von Herzerkrankungen. Mit seinem Bestseller »Weizenwampe« überzeugte er weltweit Millionen begeisterter Leser von der weizenfreien Ernährung. Er lebt in Milwaukee, Wisconsin, und führt dort seine eigene Praxis.

Von Dr. med. William Davis außerdem im Programm

Weizenwampe – Der Gesundheitsplan
Weizenwampe – Detox
Weizenwampe – Das Kochbuch
Weizenwampe

Alle Titel sind auch als E-Book erhältlich.

Dr. med. William Davis

Weizenwampe – Das 30-Minuten-Kochbuch

200 glutenfreie Rezepte

Aus dem Amerikanischen
von Imke Brodersen

GOLDMANN

4. Auflage
Deutsche Erstausgabe Oktober 2015
Wilhelm Goldmann Verlag, München,
in der Verlagsgruppe Random House GmbH,
Neumarkter Str. 28, 81673 München

Originaltitel: Wheat Belly 30-Minute (or Less!) Cookbook
Originalverlag: Rodale Books, New York
Published by arrangement with Mohrbooks AG Literary Agency
and the Cooke Agency International and Rick Broadhead & Associates, Inc.
Umschlaggestaltung: Zero & Uno Werbeagentur, München
Umschlagillustration: FinePic®, München
Rezeptfotos Innenteil: © Linda Pugliese
Redaktion: Ruth Wiebusch
Satz: Uhl + Massopust, Aalen
Druck und Bindung: Těšínska Tiskarna, Česky Těšín
JE · Herstellung: IH
Printed in the Czech Republic
ISBN 978-3-442-17544-4
www.goldmann-verlag.de

Besuchen Sie den Goldmann Verlag im Netz

Für die Leser der *Weizenwampe*,
die um schnelle, einfache Rezepte baten.

Inhalt

Einleitung: Weizenfrei kochen in nur 30 Minuten

Was kann man in maximal 30 Minuten zustande bringen? Heutzutage könnte man ein paar Kommentare auf Facebook schreiben oder ein paar Tweets absetzen. Wir könnten uns auch ein bisschen Bewegung verschaffen, die Wohnung saugen oder das nächste Kapitel eines Romans verschlingen. Natürlich könnten wir auch Kerzen anzünden, unseren Partner schnappen und … (der Rest bleibt der Fantasie überlassen)!

Oder aber wir kümmern uns aktiv um die gesunde Ernährung unserer Lieben und bereiten etwas zu, das uns alle von den appetitanregenden, gesundheitsschädlichen und Bauchfett fördernden Auswirkungen des modernen Weizens erlöst. So gibt es schnell etwas Leckeres zu essen, das allen schmeckt, selbst den Kleinsten in der Familie.

Seit der Erstveröffentlichung der »Weizenwampe« und dem nachfolgenden »Weizenwampe«-Kochbuch ist international eine Bewegung gewachsen, die auf revolutionäre Weise unsere Ernährung verändert. Millionen Menschen wollen Appetit, Gewicht und Gesundheit wieder in den Griff bekommen. Das liegt definitiv nicht daran, dass ich so charmant, schlagfertig und gut aussehend bin. Vielmehr geht es um Inhalte und um die faszinierenden Erfolgsgeschichten, die Tag für Tag und Monat für Monat bekannt werden und diese Erkenntnisse publik machen.

Wir haben gesehen, wie es Menschen erging, die mutig genug waren, das Gegenteil von dem zu tun, was uns bisher meist nahegelegt wurde: Gewicht und Gesundheit haben sich radikal verändert. Zahlreiche Gesundheitsprobleme sind zurückgegangen oder verschwunden. Insbesondere Sodbrennen, Stuhlgang, Gelenkschmerzen und geistige Benommenheit haben sich gebessert. Viele Typ-2-Diabetiker sind heute wieder Nichtdiabetiker. Menschen, die Jahre unter Schmerzen und Deformationen durch entzündliche Erkrankungen und Autoimmunerkrankungen litten, verzeichneten eine deutliche Besserung ihrer Symptome oder fühlen sich vollständig geheilt. Bei vielen bessern sich Depressionen, bei anderen verschwinden Angst und Paranoia. Essstörungen wie Bulimie und Fressattacken waren im Einzelfall binnen Tagen vom Tisch. Und natürlich sind zahllose Fettpolster geschmolzen, insbesondere das entzündungsfördernde Bauchfett – die »Weizenwampe« –, sodass die Betroffenen endlich wieder ihre engen Jeans aus der hintersten Ecke des Kleiderschranks hervorkramen oder die Röcke und Kleider von vor 20 Jahren tragen konnten.

Wir befreien uns von allen weizenhaltigen Produkten, lassen aber auch die Finger von stark verarbeiteten glutenfreien Lebensmitteln mit leeren Kohlenhydraten (Maisstärke, Reismehl/Reisstärke, Kartoffelstärke, Tapiokastärke) sowie von industriell verarbeiteten Lebensmitteln allgemein (die fast durchweg weizenhaltig sind).

Für die meisten wichtigen Ernährungsgrundsätze müssen wir uns nur daran erinnern, wie unsere Großeltern oder Urgroßeltern gelebt haben. Andererseits hat kaum jemand heute die Zeit oder Lust, wie damals zwei, drei oder mehr Stunden in der Küche zu stehen, um eine vollständige Mahlzeit zuzubereiten. Aus diesen Überlegungen heraus haben wir die Rezepte für die schnelle 30-Minuten-Küche entwickelt, die Sie jetzt in den Händen halten.

»Auf Weizen und leere Kohlenhydrate verzichten? Unmöglich!«

Alternativ höre ich auch: zu zeitaufwändig, zu unpraktisch oder zu kompliziert, weil die Zutaten so schwer zu beschaffen sind.

Eines stimmt: Man braucht eine Übergangsphase. Immerhin steuert der moderne Weizen zu Beginn des 21. Jahrhunderts im Durchschnitt rund 20 Prozent aller aufgenommenen Kalorien bei, häufig ohne dass uns dies überhaupt bewusst ist. Produkte aus dem heutigen, gentechnisch optimierten »Weizen« sind überaus praktisch, leicht zu transportieren, allgegenwärtig und machen so süchtig, dass manche Menschen bis zu 50 Prozent ihres Kalorienbedarfs darüber decken. Wenn wir ihn aus unserer Ernährung und aus dem Speiseplan der ganzen Familie verbannen, ist das ein abrupter Bruch mit altehrwürdigen Traditionen. Es ist das Ende von Tiefkühlgerichten und Pizzaservice. Alle Hauptmahlzeiten müssen auf den Prüfstand und bedürfen der Planung, bis sich neue Gewohnheiten herausbilden und Speisekammer und Kühlschrank stets die passenden Zutaten bereithalten. Für manche Produkte müssen wir zudem neue Bezugsquellen ausfindig machen. Das heißt, es ist anfangs tatsächlich aufwendig und kostet mehr Zeit.

Doch wer will schon so viel Zeit für eine Ernährungsumstellung aufwenden?

Das war der Anlass für das 30-Minuten-Kochbuch, in dem Hinweise und Vorschläge zusammengestellt sind, mit deren Hilfe diese neue Lebensweise leichter umsetzbar wird. Wir müssen zwar auf praktische (aber vielfach ungesunde) Tiefkühlgerichte verzichten, die wir nach drei Minuten aus der Mikrowelle holen. Dasselbe gilt für das Stückchen Kuchen unterwegs. Aber es gibt durchaus Möglichkeiten, diese enorm wirkungsvolle Ernährungsweise geschickt umzusetzen, ohne endlose Stunden in der Küche zu verbringen.

Um auch dem straff durchgeplanten Alltag gerecht zu werden, habe ich verschiedene einfache, zeitsparende Methoden zusammengestellt. Mit dem Grundrezept »Allzweckmehl« (siehe Seite 40) ist immer eine weizenfreie Mischung zur Hand, mit der wir Muffins, Brötchen oder Fladenbrot vorab zubereiten (abends oder am Wochenende) und dann im Kühlschrank lagern können. (Der Handel bietet bereits gesunde weizenfreie Produkte an, doch diese sind noch nicht überall erhältlich.) Zahlreiche Saucen, Dressings und Dips verleihen zum Beispiel einem schlichten Lachsfilet auf ganz gesunde Weise einen exotischen Touch. Außerdem werden Sie weizenfreie Gewürzmischungen ohne Füllstoffe wie Weizenmehl, Maisstärke oder Maltodextrin entdecken, mit denen Sie ohne langes Schnippeln blitzschnell köstlich duftende oder würzige Gerichte zaubern können.

Mit der Kombination verschiedener Rezepte zu bestimmten Themen löse ich mich am Ende von der 30-Minuten-Vorgabe und gebe Anregungen für den romantischen Abend zu zweit, ein Picknick oder den gemütlichen Filmabend mit Freunden.

Das Ziel ist, dass Sie und Ihre Familie sich auch ohne Weizen vielseitig, schmackhaft und gesund ernähren, aber dabei trotzdem ein ganz normales Leben führen können.

Manchmal wird die Befürchtung laut, dass die weizenfreie Ernährung zu teuer sei. Immerhin müssen wir auf die (subventionierte) Massenware und damit den Preisvorteil des modernen Weizens verzichten. Bedenken Sie dabei jedoch, dass man bei weizenfreier Ernährung im Durchschnitt pro Kopf 400 Kalorien weniger verzehrt als andere Menschen. Es muss also insgesamt weniger Nahrung zubereitet oder gekauft werden, was schon an und für sich einen Vorteil darstellt. Eine vierköpfige Familie verbraucht rund 1600 Kalorien weniger als früher, was schon beinahe der Kalorienbedarf einer zusätzlichen Person ist. Die meisten Leute, die auf weizenfreie Ernährung umstellen und schon vorher ein bestimmtes Budget für Lebensmittel hatten, berichten daher, dass ihre Ausgaben unverändert oder geringfügig niedriger geworden sind als zu Weizenzeiten.

Falls Sie schon länger weizenfrei leben, kann das vorliegende Kochbuch Ihnen zeitsparende, neue Anregungen für die Alltagsküche, aber auch Ideen für besondere Anlässe liefern. Wer dachte, ein Leben ohne Weizen und andere ungesunde Lebensmittel sei langweilig und eintönig, dem steht eine echte Überraschung bevor. Machen Sie sich auf mehr Würze und Abwechslung gefasst! Es gibt auch neue Variationen aus der internationalen Küche, ob aus Marokko, Indien, China, Mexiko oder Italien, und natürlich weizenfreie Varianten von Gerichten, die in Amerika besonders beliebt sind. Ob Pizza, Suppe, Sandwich, Brötchen, Käsekuchen oder Barbecuesauce – kaum etwas lässt sich nicht auch ohne ungesunde Zutaten in maximal einer halben Stunde zubereiten. Überblättern Sie bitte keinesfalls den Abschnitt mit Desserts und Naschideen. Dort warten interessante Köstlichkeiten darauf, entdeckt und ausprobiert zu werden.

Für alle, die sich mit der weizenfreien Küche noch nicht auskennen, sind die hier vorgestellten Rezepte ein großer Schritt zu einem selbstbewussten Start in die neue Lebensweise, ohne dabei auf Geschmack zu verzichten oder sich völlig überfordert zu fühlen. Ja, bestimmte Zutaten verwenden wir nicht; stattdessen gibt es so manches, was Ihnen bisher möglicherweise fremd war. Auch beim Backen und Andicken gibt es einiges zu lernen. Als Belohnung winkt mehr Gesundheit, und Sie merken rasch, wie nicht nur bestimmte Beschwerden verschwinden, sondern auch etliche Zentimeter Bauchumfang, und das ganz ohne anstrengende Appetitzügelung.

Schreiten wir also zur Tat. Im ersten Kapitel geht es darum, wie wir die weizenfreie Küche zeit- und arbeitssparend angehen können, damit wir im vorgegebenen Zeitrahmen von maximal einer halben Stunde pro Gericht bleiben können.

Weizenfreie Küchenausstattung

Der erste Schritt ins weizenfreie Leben besteht im rigorosen Aussortieren aller weizenhaltigen Produkte in Küche und Speisekammer. Nur so können Sie der Versuchung widerstehen, irgendwann doch noch die letzten Schokokekse und all die anderen Notrationen zu vertilgen und damit alle bisherigen Erfolge zunichtezumachen. Außerdem sinkt dadurch die Gefahr einer versehentlichen Reexposition, die nicht nur Verdauungsbeschwerden (wie Blähungen, Krämpfe und Durchfall), sondern auch Gelenkschmerzen und Asthma auslösen und sich auch auf die Gefühlslage auswirken kann.

Der zweite Schritt besteht im Einkaufen bestimmter Zutaten, die den Weizen künftig ersetzen werden. Beispielsweise benötigen Sie für den gesunden weizenfreien Alltag neue Mehlarten, um Sandwiches, Kekse und andere Backwaren herstellen zu können. Und damit alle Gerichte wirklich in einer halben Stunde fertig sind, müssen Sie die Küchenausstattung überprüfen und eventuell erweitern. Es geht um einen konsequenten Befreiungsschlag in der Küche, wo wir künftig im Handumdrehen ausgewogene, schmackhafte, weizenfreie Gerichte zaubern wollen.

Dieses Buch liefert die nötigen Grundlagen für alle, die ohne Weizen und Gluten auskommen möchten oder müssen. Denn Weizenverzicht ist nicht nur für diejenigen wichtig, die nachweislich an Zöliakie leiden oder überempfindlich auf Gluten reagieren. Jeder darf sich angesprochen fühlen. Besonders interessant sind die hier vorgestellten Tipps und Rezepte selbstverständlich für alle, die von Zöliakie oder Glutensensitivität betroffen sind. Dieser Personenkreis muss allerdings besonders akribisch darauf achten, keinerlei Gluten zu sich zu nehmen. Achten Sie in diesem Fall unbedingt auf Produkte, die ausdrücklich als »glutenfrei« gekennzeichnet sind, um Kreuzkontaminationen zu vermeiden.

Bevor ich näher darauf eingehe, was Sie für Ihr neues Leben brauchen, widmen wir uns Schritt 1:

Die Küche durchforsten

Bitte beachten: Weizenhaltige Produkte enthalten Gliadin, das im Verdauungstrakt in verschiedene Substanzen zerlegt wird, die sich an die Opiatrezeptoren im Gehirn anheften. Sie machen nicht euphorisch und lindern keine Schmerzen, sondern erhöhen den Appetit. Wer sich von den gnadenlos appetitanregenden Auswirkungen des Weizens, dem ständigen innerlichen Kreisen ums Essen und der erhöhten, aber unnötigen Kalorienaufnahme befreit, kann Appetit, Gewicht und Gesundheit in den Griff bekommen.

Zuallererst setzen wir daher alle offensichtlich weizenhaltigen Produkte wie Brot, Brötchen, Muffins, Bagels, Pitas, Kekse, Kuchen und Müsliriegel vor die Tür. Auch die Tüte mit dem Weizenmehl braucht in dieser Küche niemand mehr!

Danach geht es an die weniger offensichtlichen Weizenquellen. Prüfen Sie bei allen Fertigprodukten die Liste der Inhaltsstoffe auf Weizen oder Gluten. Beachten Sie dabei die wirklich lange Liste »Weizen inkognito« auf Seite 32. Dort sind diverse verborgene Weizenquellen aufgeführt.

Besonders kritisch zu betrachten sind:

- Salzstangen
- Dosensuppen
- Frühstücksflocken
- Gewürzmischungen
- Kekse
- Müsliriegel
- Nudelgerichte, Pasta
- Paniermehl, Semmelbrösel
- Salatsaucen (in der Flasche oder als Pulver)
- Saucen- und Suppenpulver, Tütensuppen
- Sojasauce, Teriyakisauce
- Speiseeis, Frozen Yogurt (oft mit Keksstückchen und Sahne)
- Süßigkeiten
- Tiefkühlgerichte
- Waffel- und Pfannkuchenteig
- Wurst, Hackfleischbällchen, Fleischkäse

Das alles brauchen wir nicht mehr! Denken Sie daran: Das Protein Gliadin im Weizen hat ein hohes Suchtpotenzial und lässt den Menschen nicht so leicht aus den Fängen. Setzen Sie sich zur Wehr!

Gesunde, weizenfreie Lebensmittel

Natürlich gehören in die weizenfreie Küche andere, gesündere Lebensmittel. Beachten Sie dabei folgende Grundregeln:

- Lesen Sie die Liste der Inhaltsstoffe. Achten Sie auf Angaben wie »Weizen«, »Weizenmehl«, »Gluten«, »natürliches Weizengluten«, »modifizierte Stärke«, »Farbstoff Karamell« und diverse andere Begriffe, mit denen die Hersteller das Vorliegen von Weizen verschleiern. Wenn Sie unsicher sind, können Sie die Liste auf Seite 32, »Weizen inkognito«, zu Rate ziehen. Bei Zöliakie und Glutensensitivität ist dieses Vorgehen unumgänglich. Alle anderen können so ihre Exposition verringern und damit den Auswirkungen des Weizens auf das Verdauungssystem und den Appetit aus dem Weg gehen.
- Kaufen Sie frische, naturbelassene Produkte ohne Zusätze, wie Obst und Gemüse, Fleisch und Fisch, am besten direkt vom Erzeuger. Für frische Tomaten, Pilze, Avocados, Eier oder Lachs erübrigen sich Zutatenlisten.
- Kaufen Sie keine Fertigprodukte mit diversen Zutaten. Eine selbst angerührte Vinaigrette aus Olivenöl, Essig und Kräutern ist sicherer als eine fertige Sauce aus der Flasche mit 15 Einzelzutaten.
- Essen Sie keine Frühstückscerealien. Es gibt (bisher) einfach keine gesunden Produkte. Die, die es momentan zu kaufen gibt, sind mit Weizen vermint und enthalten daneben meist weitere überflüssige Zutaten wie Mais, Zucker, Fruktosesirup und Zusatzstoffe.
- Kaufen Sie kein Fertigprodukt, ohne die Zutaten zu kennen. Insbesondere Wurstwaren können versteckte Weizenquellen darstellen. Lassen Sie sich im Zweifelsfall die Liste der Inhaltsstoffe zeigen. Wo das nicht möglich ist, kaufen Sie lieber nichts.
- Bäckereien und das Supermarktregal mit den Backwaren sind tabu. Dort gibt es nichts für Sie!

- Meiden Sie Fertigprodukte aus Hackfleisch (Fleischbällchen, Hackbraten). Sie enthalten fast immer Semmelbrösel.
- Ignorieren Sie Aussagen wie »herzgesund«, »fettarm«, »cholesterinarm«, »Teil einer ausgewogenen Ernährung« und Ähnliches. Solche Behauptungen sollen dem Konsumenten einreden, dass etwas Ungesundes trotzdem irgendwie gesund sei. Das ist selten der Fall. Viele Lebensmittel werden trotz entsprechender Verbote mit irreführenden und unzulässigen Behauptungen als gesundheitsfördernd beworben.
- Sehen Sie sich in den Supermärkten vor Ort, aber auch auf dem Wochenmarkt, in Bioläden und beim nächsten Erzeuger nach gesunden Lebensmitteln um. Bestimmte Zutaten für die weizenfreie Küche gibt es nicht überall. Preisvergleiche können sehr sinnvoll sein, also legen Sie sich nicht auf einen einzigen Anbieter fest.

Solange man lediglich möglichst wenig Weizen zu sich nehmen möchte, ohne dabei stark glutensensitiv zu sein, reicht es aus, Lebensmittel und Produkte zu wählen, auf deren Zutatenliste Weizen und weizenhaltige Inhaltsstoffe nicht explizit aufgeführt sind. Bei Zöliakie oder hoher Glutensensitivität ist unbedingt auf die Aufschrift »glutenfrei« zu achten. Beispielsweise müssen besonders glutenempfindliche Menschen auch bei Bitterschokolade zu einer ausdrücklich glutenfreien Marke greifen, die weder Weizen noch Gluten enthält und auch nicht durch die vorherige Verarbeitung von weizenhaltigen Produkten in derselben Fertigungsstraße verunreinigt sein kann. In diesem Fall steht meist auf dem Etikett »Kann Spuren von Weizen enthalten«. Wer weniger empfindlich reagiert, darf solche Produkte durchaus verzehren.

Alternative Mehlsorten

Ohne Weizen fehlt natürlich eine zentrale Backzutat. Deshalb brauchen wir zum Backen alternative Mehlsorten. Bei der Auswahl ist zu bedenken, dass wir nicht vom Regen in die Traufe kommen wollen. Denn wir möchten zusätzlich die üblichen Ersatzmehle der glutenfreien Welt meiden, darunter Maisstärke, Reismehl, Kartoffelmehl und Tapiokastärke, die allesamt erhebliche Auswirkungen auf den Blutzucker haben. Die Auswahlkriterien lauten daher:

- Weizenfrei
- Glutenfrei (bei Vorliegen von Zöliakie oder Glutensensitivität)
- Keine konventionellen leeren Kohlenhydrate wie Maisstärke, Kartoffelmehl, Tapiokastärke oder Reismehl
- Geringer Kohlenhydratgehalt (ansonsten ist mit Blutzuckerspitzen und entsprechenden unerwünschten Folgen zu rechnen). Besonders destruktive Wirkungen kann die getrocknete, pulverisierte Stärke in Ersatzmehlen entfalten, die aufgrund ihrer feinen Konsistenz eine ungewöhnlich breite Oberfläche für die Verdauung bietet und den Blutzucker dadurch rasant in die Höhe treibt. Die Aufnahme pulverisierter Kohlenhydrate sollte daher strikt begrenzt werden. Je mehr gute Fette, Proteine und Fasern, desto besser!
- Insgesamt gesund. Schließlich geht es nicht darum, ein Problem – Weizen – durch ein anderes zu ersetzen.

Zu den empfehlenswerten Mehlen gehören:

- Gemahlene Chiasamen und Chiamehl
- Gemahlene Flohsamen
- Gemahlene Haselnüsse
- Kichererbsenmehl
- Kokosmehl
- Gemahlene Kürbiskerne
- Gemahlene Leinsamen
- Gemahlene Mandeln und Mandelmehl
- Gemahlene Pekannüsse
- Gemahlene Sesamsamen
- Gemahlene Sonnenblumenkerne
- Gemahlene Walnüsse

Hinweis: Wenn im Rezept von gemahlenen Nüssen, Kernen oder Samen die Rede ist, ist eine Verarbeitung mit dem Häutchen gemeint. Sprechen wir in diesem Zusammenhang von »Mehl«, so geht es um gemahlene blanchierte Nüsse oder Samen ohne Häutchen, mitunter auch nach dem Auspressen der Öle. Mit solchen »Nussmehlen« erreicht man beim Backen eine feinere Konsistenz. Ersatzweise kann man fast immer auch gemahlene Nüsse (mit Häutchen) verwenden. Dies gilt insbesondere für das häufig angegebene »Mandelmehl«.

Wichtige Hinweise für glutensensitive Leser

Wer an Zöliakie oder verwandten Erkrankungen wie neurologischen Einschränkungen oder Dermatitis herpetiformis (einer Hautkrankheit) leidet oder empfindlich auf Gluten reagiert, muss Weizen, Gluten und alle Glutenquellen wie Roggen, Gerste, Triticale (eine Kreuzung aus Weizen und Roggen), Bulgur und sogar Hafer konsequent meiden. (Bei einer Glutensensitivität besteht nicht immer zugleich eine Reaktion auf das Protein Avenin im Hafer, doch Haferkleie und Haferflocken lassen den Blutzucker ebenfalls in die Höhe schnellen. Deshalb ist es sinnvoller, auch auf Hafer zu verzichten. Zudem ist damit das Problem einer versehentlichen Kontamination des Hafers vom Tisch, der zumeist in Anlagen verarbeitet wird, die auch weizenhaltige Produkte produzieren.) Die akribische Meidung von Gluten verhindert nicht nur heftige Darmreaktionen, sondern normalisiert auch das erheblich erhöhte Risiko für Magen- und Darmkrebs sowie für eine fortschreitende neurologische Schädigung, die sogar mit nur gelegentlichem Kontakt einhergeht.

Im Gegensatz zur Mehrheit derjenigen, die nicht glutensensitiv reagieren, sondern »nur« mit Durchfall, Konzentrationsmangel, Müdigkeit oder tagelangen Handschmerzen, kann es bei nachweislich glutensensitiven Personen zu ernsten, langfristigen Folgen kommen. Deshalb sollten sich die Betroffenen so gut wie irgend möglich vor versehentlichem oder gelegentlichem »ausnahmsweisem« Weizenverzehr wappnen.

Besonders bewährt haben sich die nachfolgenden Vorgehensweisen zur konsequenten Meidung von Weizen und Gluten:

- Eine echte Hilfe ist es, wenn die gesamte Familie mitzieht. Dann ist einfach kein Weizen und nichts Glutenhaltiges im Haus. Man kann sich nicht verführen lassen, und die Gefahr des versehentlichen Verzehrs ist gebannt. Übrigens sollten sich in diesem Fall auch Hund, Katze und andere Haustiere weizen- und glutenfrei ernähren. Sonst kann das Füttern eine denkbare Exposition darstellen.
- Wenn die Mitbewohner nicht mitziehen, sind diplomatische, aber entschlossene Absprachen zur klaren Trennung von Lebensmitteln, Utensilien und Arbeitsflächen erforderlich. (Bei extremer Glutensensitivität sind derartige Kompromisse allerdings indiskutabel.) Viele Menschen benötigen in solchen Fällen separates Koch- und Essgeschirr (Töpfe, Pfannen, Schüsseln, Teller, Gläser, sonstige Utensilien).
- Klären Sie andere auf, dass eine weizen- und glutenfreie Ernährung keine bloße Essneurose ist. Es handelt sich um eine Behandlung – wie eine Chemotherapie bei Krebs. Fühlen Sie sich niemals schuldig, nur weil Sie anderen mitteilen, was Sie brauchen.
- In Haushalten mit getrennten Lebensmitteln und Kochutensilien sollten Lebensmittel konsequent mit Aufklebern versehen werden. Nur so weiß man, ob jemand beispielsweise eine weizenhaltige Wurst in den Senf getunkt haben könnte. Es reicht bereits, dass man mit einem Messer an die Butter geht, mit dem man zuvor ein Stück Toast gebuttert hat. Dann ist die bisher glutenfreie Butter plötzlich kontaminiert und kann für glutensensitive Menschen böse Folgen haben. Lebensmittel wie Butter, Nussbutter, Marmelade, Streichkäse, Dips und Aufstriche sollten nicht geteilt werden, weil die Kontaminationsgefahr zu hoch ist.

- Auswärts zu essen ist ein echter Eiertanz. Manche fortschrittlichen Restaurants verstehen zum Glück schon heute, was unter einer Glutenquerkontamination zu verstehen ist. Angesichts der wachsenden Nachfrage nach weizen- und glutenfreien Produkten dürfte sich das Angebot rasch ausweiten. Bedenken Sie, dass es bereits reicht, wenn der Koch Ihre Nahrung in einer Pfanne zubereitet, in der er zuvor den panierten Fisch angebraten hat. Schon sind Sie wieder Weizen ausgesetzt. Halten Sie sich daher an die klassische Regel: Im Zweifelsfall lieber »Nein, danke!« sagen.
- Im Restaurant verzichten wir insbesondere auf panierte Speisen, frittierte Speisen (sofern im gleichen Fett auch Paniertes frittiert wurde) sowie andere weizenhaltige Lebensmittel, Saucen, Dressings und die meisten Desserts. Besonders glutenempfindliche Menschen sollten jedoch nicht einmal dieses Risiko eingehen.
- Bei verschreibungspflichtigen Medikamenten und Nahrungsergänzungsmitteln kann man über die Packungsbeilage oder durch Nachfrage beim Hersteller herausfinden, ob das Produkt auch wirklich glutenfrei ist.
- Um die meisten Fast Food-Restaurants machen Sie lieber einen Bogen. Selbst wenn der Salat und das Dressing nachweislich glutenfrei sind, werden unmittelbar daneben auch Brötchen und Kekse zubereitet, was eine Querkontamination begünstigt. Unzureichend gereinigtes Arbeitswerkzeug kann eine weitere Kontaminationsquelle sein. Mit diesem Problem haben viele Restaurants und Ketten zu kämpfen, weshalb sie meist sehr zurückhaltend damit sind, ihre Gerichte als glutenfrei zu deklarieren.

- Eine Glutenexposition kann auch über unerwartete Quellen wie Medikamente, Ergänzungsmittel, Lippenstift, Kaugummi, Shampoos, Cremes und Kosmetika stattfinden. Für einen hartnäckigen Ausschlag kann beispielsweise ein weizenhaltiges Shampoo verantwortlich sein. Fragen Sie daher beim Hersteller nach. Die Antworten bestehen allerdings häufig aus Marketingaussagen, begleitet von dem Hinweis, dass eine Kontamination aus produktionstechnischen Gründen nicht auszuschließen sei.
- Selbst bei Lebensmitteln mit nur einem Inhaltsstoff kann es bei der Zubereitung, Verpackung oder im Laden zu einer Kontamination kommen, zum Beispiel während der Auslage im Laden, an der Salattheke oder wenn das Fleisch mit demselben Messer geschnitten wird, mit dem zuvor ein Sandwich geteilt wurde.

Im Optimalfall sollten ALLE Lebensmittel und Zutaten in der Küche – vom Kühlschrank bis zur Speisekammer – ebenfalls glutenfrei sein, also weder Bestandteile von Weizen noch von anderen Glutenquellen (wie Gerste, Roggen, Bulgur oder Hafer) enthalten und aus Betrieben stammen, die keine gluten- oder weizenhaltigen Produkte herstellen, so dass eine Kontamination ausgeschlossen ist. Nur dann dürfen diese Lebensmittel das Siegel »glutenfrei« tragen. Aber denken Sie bitte, bitte, bitte immer daran: Viele glutenfreie Lebensmittel sind wegen ihres hohen Gehalts an leeren Kohlenhydraten der Wolf im Schafspelz.

Realistisch gesehen leben wir jedoch in einer von Weizen dominierten Welt. Ein gelegentlicher, versehentlicher Kontakt ist unausweichlich. Man kann sich also nur bemühen, das Risiko zu minimieren.

Die folgenden weizenfreien Mehlalternativen kommen NICHT in Frage:

Roggen, Gerste, Hafer, Triticale und *Bulgur* sind zu meiden, weil hier eine immunologische Kreuzreaktivität auf Weizengluten vorliegt.

Amaranth, Teff, Hirse, Esskastanien (Maronen), Buchweizen und *Quinoa* sind wegen der hohen Kohlenhydratbelastung tabu (außer wenn eine Begrenzung der Kohlenhydratzufuhr nicht so wichtig ist, beispielsweise in Snacks und Desserts für Kinder und Jugendliche).

Maisstärke, Reismehl/Reisstärke, Kartoffelmehl/Kartoffelstärke und *Tabiokastärke* – also die typischen glutenfreien Mehlsorten – kommen wie bereits erwähnt ebenfalls nicht in Frage.

Alle Ersatzmehle gehören luftdicht verschlossen in den Kühlschrank oder in den Gefrierschrank, damit sie nicht so leicht oxidieren. Alternativ können Sie unverarbeitete Nüsse und Samen kaufen und nach Bedarf selbst mahlen. Ob Küchenmaschine, hochwertiger Hacker oder eine Kaffeemühle – alles taugt dazu, innerhalb von 30 bis 60 Sekunden eine Portion Nüsse oder Samen zu Mehl zu mahlen. Hören Sie aber bitte rechtzeitig auf, sobald die gewünschte Konsistenz erreicht ist, sonst ist das Ergebnis Nussbutter!

Für eine optimale Konsistenz des Backwerks sollte man verschiedene Mehle mischen. Daher bildet Mandelmehl in unserem »Allzweckmehl« (siehe Seite 40) zwar die Grundlage, ist jedoch mit Kokosmehl, gemahlenem gelbem Leinsamen und etwas Flohsamen (Psyllium) versetzt, weil diese Mischung meist bessere Resultate erzielt als gemahlene oder geriebene Mandeln allein.

Für alle Nussallergiker gibt es in der Liste auf Seite 20 ausreichend Alternativen, zum Beispiel Kokosmehl oder gemahlene Samen und Kerne. Beachten Sie jedoch, dass beispielsweise beim Ersatz von Mandelmehl durch Kokosmehl und Sesammehl auch die Flüssigkeitsmenge und die Garzeit angepasst werden müssen.

Empfehlenswerte Öle

Nachdem wir schon mit der Mär vom »gesunden Vollkorn« aufgeräumt haben, verwerfen wir ebenso die Legende, dass die Gesamtfettzufuhr und der Verzehr von gesättigten Fetten und Cholesterin einzuschränken ist. Stattdessen reichern wir unsere Speisen gezielt mit gesunden Fetten und Ölen an. Öle, die wegen ihres hohen Gehalts an gesättigten Fetten lange als ungesund galten – zum Beispiel Kokosöl –, kehren in der weizenfreien Küche als Teil einer ausgewogenen Lebensweise wieder zurück. Zu den besonders empfehlenswerten Ölen zählen:

- Avocadoöl
- Biobutter und Gheebutter (geklärte Butter)
- Kokosöl
- Leinöl
- Olivenöl aus erster Pressung (nativ, extra vergine)
- Olivenöl extra light (geschmacksneutral)
- Walnussöl

Von Geflügel, Rindfleisch, Schweinefleisch oder Fisch schneiden wir nicht das Fett ab und schöpfen Gelatine und Fett auch nicht von der Suppe oder Brühe. Schmalz passt gut in dieses Konzept, ist allerdings in nicht hydrogenisierter Form nur schwer erhältlich.

Süßungsmittel – das sollten Sie wissen:

Es gibt diverse kalorienfreie oder -arme Süßungsmittel, die zur schnellen weizenfreien Küche passen, darunter Stevia, Erythrit, Xylitol oder Xylit, Luo Han Guo und Sucralose. Mit diesen Süßungsmitteln kann man Kekse, Muffins und andere Backwaren herstellen, ohne mit den negativen Auswirkungen von Zucker oder den ungesunden Implikationen anderer, weniger harmloser Süßungsmittel wie Aspartam zu kämpfen.

Abgesehen von Erythrit und Xylit haben Zuckeralkohole generell (zu denen auch Mannit, Sorbit und Maltit zählen) die Tendenz, erhebliche Blähungen, Krämpfe und Durchfall zu provozieren, ganz zu schweigen von ihrem Einfluss auf den Blutzucker. Wer sein Dessert also schmerzfrei genießen möchte, sollte sich auf die unbedenklichen Zuckeralkohole beschränken.

Besonders sinnvoll ist die Kombination verschiedener Süßungsmittel. Wer also den bitteren Nachgeschmack von Stevia abmildern möchte, kann Stevia beispielsweise mit Erythrit oder Luo Han Guo kombinieren.

Stevia

Empfehlenswert sind reine flüssige Stevia, reine pulverisierte Stevia oder pulverisierte Stevia mit Inulin. Abzuraten ist von Stevia mit Maltodextrin, das gern als Füllstoff verwendet wird, damit man Stevia volumenmäßig wie Zucker dosieren kann.

Erythrit (oder Erythritol)

Erythrit ist leicht löslich und von allen Zuckeralkoholen am besten verträglich, da es fast vollständig unverändert ausgeschieden wird. Achten Sie darauf, dass keine Inhaltsstoffe wie Glukose oder Maltodextrin zugesetzt sind.

Xylit

Unter den ausgewählten Süßungsmitteln ist Xylit Zucker am ähnlichsten. Im Gegensatz zu den anderen Substanzen kann man damit gut glasieren und auch schöne Streusel erzeugen. Allerdings sollte Xylit nur in Maßen verwendet werden, weil es eine gewisse Wirkung auf den Blutzucker hat. Und Hundebesitzer sollten beachten, dass Xylit für Hunde giftig sein kann.

Luo Han Guo

Dieses natürliche Süßungsmittel aus einer chinesischen Frucht entwickelt sich aktuell zum Renner, weil es keinen bitteren Nachgeschmack wie Stevia hat. Luo Han Guo beeinflusst, wie Stevia, nicht den Blutzucker und fördert auch keine Karies, zwei Hauptnachteile konventioneller Süßungsmittel. Noch ist es schwer zu bekommen (am besten online suchen), aber das Angebot wird der steigenden Nachfrage sicher bald angepasst. Achten Sie bei Extrakten darauf, ob ein Produkt Zusätze wie Glukose oder Maltodextrin enthält – dann besser nicht kaufen. Wie überall gilt also auch hier, dass der Blick auf die Inhaltsstoffe unerlässlich ist. Neue Produkte im Supermarkt sollten im Zweifelsfall nur mit Luo Han Guo oder mit einer Kombination aus Luo Han Guo und Erythrit gesüßt sein.

Sucralose

Die Auswirkungen von Sucralose auf die Gesundheit sind nicht vollständig geklärt. Diskutiert wird über ein gewisses Allergiepotential und individuelle Reaktionen sowie über schädliche Wirkungen auf die Darmflora (zumindest im Tierversuch). Reine Sucralose ohne Maltodextrin ist zudem schwer erhältlich (Splenda ist Sucralose mit Maltodextrin). Im Zweifelsfall ist es unter den Süßungsmitteln daher die letzte Wahl.

Das gehört auf den Einkaufszettel

Im Zentrum der Ernährung stehen künftig unverfälschte Lebensmittel ohne Zusatzstoffe, wie Paprika, Zwiebeln und anderes Gemüse oder Fleisch, Fisch und Geflügel aller Art. Hinzu kommen nachfolgende weitere Zutaten, die für die weizenfreie Ernährung benötigt werden. Damit können Sie praktisch alle Rezepte im vorliegenden Kochbuch zubereiten.

- Backpulver (ohne Aluminium)
- Blumenkohl
- Chiasamen, gemahlen oder naturbelassen
- Eier
- Käse
- Kakaopulver, ungesüßt
- Kokosflocken; geraspelte ungesüßte Kokosnuss
- Kokosmehl
- Kokosmilch (zum Andicken aus der Dose; zum Trinken aus der Packung)

- Kuvertürechips (Zartbitter)
- Leinsamen (am besten gemahlener gelber Leinsamen)
- Gemahlene Mandeln und Mandelmehl (blanchierte gemahlene Mandeln)
- Mandelmilch, ungesüßt
- Natürliche Extrakte: Mandel, Kokos, Pfefferminze, Vanille
- Schokolade – 100 Prozent Schokolade, mindestens 85 Prozent Kakaoanteil
- Gemahlene Nüsse (Mandeln, Haselnüsse, Pekannüsse, Walnüsse)
- Rohe Nüsse aller Art: Haselnüsse, Mandeln, Paranüsse, Pekannüsse, Pistazien, Walnüsse; gehackte Pekannüsse und Walnüsse zum Backen
- Nussbutter oder Mus aus Kernen und Samen
- Öle: Avocadoöl, Kokosöl, Leinöl, Olivenöl (extra light und extra vergine), Walnussöl
- Samen und Kerne aller Art: Chiasamen, Kürbiskerne, Sesamsamen, Sonnenblumenkerne
- Shirataki-Nudeln (online oder im Asia-Markt)
- Spaghettikürbis
- Süßungsmittel: Stevia (flüssig); Stevia als Pulver (reines Stevia oder mit Inulin, nicht mit Maltodextrin); Erythrit, Truvia, Xylit oder Luo Han Guo als Pulver
- Trockenfrüchte, ungesüßt
- Weinsteinbackpulver
- Zucchini

Weitere Lebensmittelunverträglichkeiten

Eine wachsende Anzahl an Menschen reagiert auf bestimmte Lebensmittel empfindlich oder auch allergisch. Damit schrumpft die Auswahl. Viele, wenn nicht gar die meisten Lebensmittelunverträglichkeiten bessern sich oder verschwinden, sobald man keinen Weizen mehr isst (vermutlich weil das Gliadin die Dünndarmwand durchlässiger macht). Manchmal muss ein bisheriger Auslöser danach nicht mehr gemieden werden.

Die folgende Liste ist ein Anhaltspunkt, wie sich bestimmte Inhaltsstoffe ersetzen lassen.

Ersatzzutaten

Empfindliche Reaktion auf:	Möglicher Ersatz:
Mandeln	Gemahlene Chiasamen, gemahlene Kichererbsen, gemahlene Kürbiskerne, gemahlene Pekannüsse, gemahlener Sesam, gemahlene Sonnenblumenkerne, gemahlene Walnüsse
Butter	Avocadoöl, Butterreinfett (außer bei extremer Reaktion auf Milchprodukte), Kokosöl, Olivenöl extra light, Walnussöl
Eier	Apfelmus, Chiasamen, Kokosmilch (dickflüssige Variante), pürierter Kürbis, gemahlener gelber Leinsamen, Naturjoghurt (ungesüßt), Tofu (nicht aus Gen-Soja)
Kuhmilch	Hanfmilch, Kokosmilch (dünnflüssige Variante), Mandelmilch, Sojamilch (nicht aus Gen-Soja), Ziegenmilch
Nüsse	Chiasamen, Kürbiskerne, Sesamsamen, Sonnenblumenkerne
Erdnussbutter	Haselnussbutter, Mandelbutter, Sonnenblumenkernbutter
Saure Sahne	Kokosmilch (dickflüssige Variante)

Weizen … inkognito!

Erstaunlich viele Produkte sind weizenhaltig – weil Weizen den Appetit anregt! Ja, unsere Freunde aus der Lebensmittelindustrie kennen uns nur zu gut. Deshalb kommt es darauf an, Weizenanteile in der Nahrung auf Anhieb zu erkennen. Nur so ist ein versehentlicher Kontakt zu vermeiden.

Bezeichnungen wie »Weizenmehl«, »Weißmehl« oder »natürliches Weizengluten« sind leicht erkennbar. Weniger offensichtlich sind andere Weizenquellen, darunter:

- Baguette
- Brioche
- Bulgur
- Burrito
- Couscous
- Crêpe
- Croûtons
- Dinkel
- Einkorn
- Emmer
- Farro
- Fertigsaucen
- Focaccia (Fladenbrot aus Hefeteig)
- Fu (Gluten in asiatischen Speisen)
- Gerste
- Gnocchi
- Grieß
- Hartweizen
- Hydrolisiertes pflanzliches Protein (wird aus Mais, Soja oder Weizen gewonnen)
- Hydrolisierte Weizenstärke
- Kamut
- Karamell (Farbstoff)
- Kleie
- Matze (ungesäuertes Brot)
- Modifizierte Speisestärke
- Orzo, Kritharáki (Nudelreis)
- Panko (japanische Panade)
- Ramen (japanische Nudeln)
- Roggen
- Saucenbinder (häufig auf Weizenbasis)

- Seitan (nahezu reines Gluten, gern als Fleischersatz genutzt)
- Soba (japanische Nudeln, weitgehend aus Buchweizen, aber häufig mit Weizen versetzt)
- Strudel
- Taboulé (Salat mit Bulgur oder Couscous)
- Teigtaschen
- Texturiertes pflanzliches Protein (in eine fleischartige Faserstruktur gebrachtes pflanzliches Eiweiß, Grundlage kann Weizen sein)
- Törtchen
- Triticale (Kreuzung aus Weizen und Roggen)
- Triticum (wissenschaftlicher Name für Getreidearten, meist in Verbindung mit einer weiteren lateinischen Bezeichnung)
- Udon (japanische Nudelsorte aus Weizenmehl)
- Weizenkeime
- Weizenkleie
- Weizenschrot
- Wraps
- Zwieback

Diese Liste müssen Sie nicht auswendig lernen! Schon das Durchlesen wird zum leichteren Erkennen von Weizen und Gluten in der Nahrung beitragen. Im Zweifelsfall können Sie jedoch immer darauf zurückgreifen.

Küchenhelfer

Die nachfolgend aufgelisteten Küchengeräte und -utensilien sind keineswegs unverzichtbar. Man kann auch ohne sie weizenfrei leben, aber sie erleichtern viele Arbeitsgänge und sparen eine Menge Zeit. Am besten fangen Sie einfach an zu kochen und kaufen je nach Bedarf das ein oder andere Gerät dazu.

Mit einem Spiralschäler kann man beispielsweise gleichmäßigere Nudeln herstellen als mit einem Küchenmesser, und schneller geht es obendrein. Wenn die Familie sich also für Zucchininudeln erwärmen kann, wäre es sinnvoll, ein entsprechendes Gerät anzuschaffen. Da ich auch noch kein wirklich gesundes Speiseeis im Supermarkt entdecken konnte, plädiere ich für selbstgemachtes Eis (siehe Seite 342). In diesem Fall ist eine moderne elektrische Eismaschine ein echter Gewinn.

Zu den nützlichsten Geräten gehören:

- Eismaschine
- Elektrisches Handrührgerät/Handmixer
- Küchenmaschine oder Elektrohacker: Da gibt es eine große Auswahl. Die Maschine sollte leicht zu bedienen und zu reinigen sein.
- Muffinbackform
- Muffinförmchen (aus Papier oder Silikon)
- Spiralschäler
- Tortillapresse: Mit einer Presse ist es viel einfacher, eine größere Menge Tortillas vorab zu backen und zur späteren Verwendung zu lagern.
- Waffeleisen
- Ein Whoopie-Backblech: für perfekte, große runde Whoopies

(amerikanisches Gebäck nach Art eines süßen Sandwiches) oder flache Brötchen. Mit einem solchen Blech geht es wirklich einfacher!

- Zahnstocher aus Holz

Ran an die Buletten!

Wer bis hierher vorgedrungen ist, ist startklar für die schnelle, weizenfreie Küche. Das Abenteuer ruft!

Zur Ergänzung der Einzelrezepte in den verschiedenen Kapiteln sind ganz am Ende Gerichte zu bestimmten Themen kombiniert. Lesen Sie sich in Ruhe ein. Sie werden bald erkennen, wie unglaublich vielseitig, sättigend und gesund man ohne Weizen leben kann.

Weizenfrei leben ohne großen Aufwand

Im Hinblick auf Gesundheit und Lebensqualität übertrifft die weizenfreie Lebensweise alles, was ich bisher gesehen habe. Allein durch das Weglassen eines Ernährungsgifts verwandeln sich Appetit, Gesundheit und Gewicht. Die Liste der Vorteile des Weizenverzichts reicht von Kopf bis Fuß, vom Gehirn bis zum Darm, vom Appetit bis zum Sexualtrieb.

Andererseits gibt es auch einen Nachteil: Wer auf dieses verbreitete, genmanipulierte Nahrungsmittel verzichtet, das in praktisch allen Fertigprodukten aus dem Supermarktregal vorkommt, verzichtet auch auf den Luxus vorgefertigter Lebensmittel. Ob Brot oder Brötchen, Fertigteig, Backmischung oder belegtes Baguette – all das kaufen und verzehren wir nicht mehr. Solche Produkte gehören für viele jedoch zu den Grundnahrungsmitteln.

Sie sind immer und überall verfügbar, so dass wir ab jetzt mehr Zeit und Mühe auf die eigene Herstellung von Brot oder Salatsaucen verwenden müssen. Für die schnelle Küche habe ich daher diverse Backmischungen, Gewürzmischungen, Saucen und Dressings entwickelt. Solange diese Grundzutaten im Haus sind, lassen sich damit jederzeit im Handumdrehen Mahlzeiten zubereiten.

Backmischungen

Die hier aufgeführten Grundrezepte für Backwaren aller Art lassen sich gut vorab mischen und dann im Kühlschrank aufbewahren. So kann man am Wochenende beispielsweise Focaccia vorbacken und dann im Kühlschrank lagern, um sich im Laufe der Woche jederzeit ein Sandwich zuzubereiten.

Die Kohlenhydratangaben

Alle Rezepte in diesem Buch sollen schnell gehen und strikt weizenfrei sein, außerdem gesund und relativ kohlenhydratarm. In der Regel liegt der Nettokohlenhydratgehalt daher bei maximal 15 Gramm pro Portion. Das Konzept der Nettokohlenhydrate war eine Idee von Dr. Robert Atkins, dem Altmeister der kohlenhydratarmen Ernährung. Zur Ermittlung zieht man die Menge der unverdaulichen Fasern vom Gesamtkohlenhydratgehalt ab, da diese Ballaststoffe sich auf den Blutzucker praktisch nicht auswirken.

Nettokohlenhydrate = Gesamtkohlenhydrate – Fasern

(Einzelne Rezepte enthalten etwas mehr Kohlenhydrate. Dabei handelt es sich meist um Ideen aus der Rubrik »kinderfreundlich«, weil Kinder auf größere Mengen Kohlenhydrate weniger empfindlich reagieren als Erwachsene. Besonders hoch sind die Mengen aber auch dort nicht.)

Alle Rezepte sind nicht nur weizenfrei, sondern auch frei von anderen Getreidesorten. Sie enthalten kaum oder gar keinen Zucker und gehen mit Zucker- und Kohlenhydratlieferanten wie Obst sparsam um. Auch Hülsenfrüchte sind eher die Ausnahme.

Im Gegensatz zu Kindern, die noch im Wachstum sind, ist die Zurückhaltung bei Kohlenhydraten für Erwachsene, die mit ihrem Gewicht kämpfen, Stoffwechselfehlsteuerungen wie hohen Blutzucker oder hohe Triglyzeridwerte korrigieren oder einfach möglichst gesund leben möchten, deutlich wichtiger.

Wir verwenden daher auch die verträglichsten Süßungsmittel: Stevia, Luo Han Guo, Erythrit und Xylit. Sie sind zahnfreundlich und haben in den bescheidenen Mengen, die wir für unsere Rezepte benötigen, auch keine Auswirkung auf den Blutzucker. Da es (insbesondere bei Stevia) von Marke zu Marke erhebliche Dosierungsunterschiede gibt, beschränken wir uns bei den Mengenangaben auf Aussagen wie »Süßungsmittel entsprechend 100 Gramm Zucker«. Auf diese Weise bleibt die Entscheidung jedem selbst überlassen. Deswegen ist die Kohlenhydratmenge von Erythrit und Xylit auch nicht in den Nährwertangaben der Rezepte enthalten. In der Regel ist sie aufgrund des geringen Einflusses der Zuckeralkohole ohnehin vernachlässigbar.

Allzweckmehl

Aktive Zeit: 5 Minuten; Gesamtzeit: 5 Minuten

Für rund 600 Gramm

Diese Mischung hat sich für diverse Backrezepte bewährt, ob Brotlaibe, Fladenbrot, Brötchen, Scones, Muffins oder Kekse. Am besten sollte sie immer fertig gemischt bereitstehen, damit man mit dem Backen jederzeit loslegen kann.

400 g Mandelmehl
140 g gemahlener gelber Leinsamen
30 g Kokosmehl
2 TL Natron
1 TL gemahlener Flohsamen (nach Belieben)

- Mandelmehl, gemahlenen Leinsamen, Kokosmehl, Natron und Flohsamen (falls gewünscht) in einer großen Schüssel gut verrühren. Luftdicht verschlossen aufbewahren, am besten im Kühlschrank.

Pro Esslöffel: 40 Kalorien, 2 g Protein, 2 g Kohlenhydrate, 3 g Gesamtfett, 0 g gesättigte Fette, 1 g Ballaststoffe, 33 mg Natrium

Sandwichbrot

Aktive Zeit: 5 Minuten/Gesamtzeit: 45 Minuten

Für einen Laib Brot (16 Scheiben)

Das Sandwichbrot ist eines der wenigen Rezepte, die unseren Zeitrahmen von 30 Minuten sprengen. Vorab zubereitet, gestattet es jedoch die schnelle, unkomplizierte Herstellung von Sandwiches und anderen Gerichten.

375 g Allzweckmehl (siehe Seite 40)
1 TL Backpulver, aluminiumfrei
½ TL Meersalz
5 Eier, getrennt
60 ml Butter oder Kokosöl, zerlassen
1 EL Buttermilch oder Kokosmilch (Dose oder Packung)

- Den Ofen auf 175 °C vorheizen. Eine Backform von 22 × 11 cm ausfetten.
- Das Allzweckmehl mit Backpulver und Salz in der Küchenmaschine vermengen. Eigelbe, Fett und Butter- oder Kokosmilch hinzugeben und unterarbeiten.
- Die Eiweiße mit dem Elektromixer auf höchster Stufe steif schlagen. Zum Teig geben und vorsichtig unterheben.
- In die Backform umfüllen und 40 Minuten backen, bis ein in der Mitte eingestochener Zahnstocher sauber wieder herauskommt.

Pro Scheibe: 174 Kalorien, 7 g Protein, 6 g Kohlenhydrate, 15 g Gesamtfett, 4 g gesättigte Fette, 3 g Ballaststoffe, 234 mg Natrium

Focaccia (Grundrezept)

Aktive Zeit: 5 Minuten/Gesamtzeit: 25 Minuten

Für 6 Portionen

Ohne Gluten ist es eine echte Herausforderung, einen Teig mit gesunden Zutaten locker »aufgehen« zu lassen. Mit dieser Focaccia umgehen wir dieses Problem, indem wir von vornherein Fladenbrot backen. Das Ergebnis ist ein weitgehend narrensicheres, weizenfreies Brot.

Das Grundrezept lässt sich je nach Verwendungszweck problemlos abwandeln. Mit zwei Teelöffeln gemahlenem oder zerstoßenem Rosmarin, einem Teelöffel getrocknetem Oregano und einem Teelöffel getrocknetem Knoblauch schmeckt die Focaccia wie frisch aus Italien. Alternativ kann man das Brot nach dem Backen mit Olivenöl bepinseln und mit geriebenem Parmesan bestreuen. Mit einem Teelöffel Zimt, einem halben Teelöffel Muskat und etwas Süßungsmittel (mengenmäßig wie ein Teelöffel Zucker) passt das Brot besonders gut zu Frischkäse oder Quark.

Bitte beachten Sie, dass die Zutaten in der angegebenen Reihenfolge zu verwenden sind, um den unerwünschten Duft nach Ammoniak zu verhindern, der leicht entstehen kann, wenn das Natron in der Backmischung mit dem Eiweiß aus den Eiern reagiert. Fügen Sie daher den Essig gleich nach dem Öl hinzu. Dann reagiert die Essigsäure mit dem Natron und verhindert so eine Reaktion mit dem Ei.

250 g Allzweckmehl (siehe Seite 40)
2 EL Olivenöl, extra vergine
2 EL Essig
1 TL Xanthan (nach Belieben)
½ TL Meersalz
3 Eier, verrührt

- Den Ofen auf 190 °C vorheizen. Ein Backblech einfetten.
- Das Allzweckmehl in eine große Schüssel geben. Öl, Essig, vier Esslöffel Wasser, eventuell Xanthan und das Salz in einer separaten kleinen Schüssel verrühren. Zum Mehl hinzufügen und rasch verrühren. Eine Minute ruhen lassen, dann die verquirlten Eier dazugeben und gründlich unterrühren.
- Den Teig mit feuchten Händen auf das Backblech geben und einen rechteckigen Laib von etwa 20 × 30 cm formen.
- 15 Minuten backen, bis der Teig leicht gebräunt ist. Mit einem Pizzaschneider oder Messer in sechs gleich große Stücke teilen. Im Kühlschrank aufbewahren.

Pro Portion: 289 Kalorien, 11 g Protein, 10 g Kohlenhydrate, 25 g Gesamtfett, 3 g gesättigte Fette, 6 g Ballaststoffe, 415 mg Natrium

Focaccia mit Kräutern

Aktive Zeit: 15 Minuten/Gesamtzeit: 35 Minuten

Für 6 Portionen

Dieses Fladenbrot eignet sich hervorragend für Sandwiches aller Art, aber auch zum Dippen in hochwertiges Olivenöl. Deshalb bringe ich es hier noch einmal, nur mit kleinen Änderungen, damit es zum 30-Minuten-Konzept passt.

Die Zutaten müssen in der angegebenen Reihenfolge verwendet werden, um Ammoniakgeruch zu verhindern, der leicht entstehen kann, wenn das Natron mit dem Eiweiß reagiert. Fügen Sie den Essig gleich nach dem Öl hinzu. Dann reagiert die Essigsäure mit dem Natron und verhindert so eine Reaktion mit dem Ei.

150 g Mozzarella oder anderer Käse, gerupft bzw. geraspelt
375 g Allzweckmehl (siehe Seite 40)
1 TL Xanthan
1 TL Backpulver, aluminiumfrei
1 ¼ TL Meersalz
1 TL Zwiebelpulver
½ TL Knoblauchpulver
1 ½ TL getrockneter Rosmarin
1 ½ TL getrockneter Oregano
40 g schwarze Oliven ohne Stein, gehackt oder in feinen Scheiben
4 EL sonnengetrocknete Tomaten, in feinen Streifen
6 EL Olivenöl, extra vergine
2 EL Weißweinessig oder Apfelessig
2 Eier, getrennt

- Den Ofen auf 190 °C vorheizen. Ein Backblech fetten.
- Den Käse mit dem Hacker oder der Küchenmaschine pulsierend zu feinen Körnern zerkleinern (von der Größe her wie Couscous).
- Den gehackten Käse in einer Schüssel mit Allzweckmehl, Xanthan, Backpulver, einem Teelöffel Salz, Zwiebelpulver, Knoblauchpulver, Rosmarin, Oregano, Oliven und Tomaten gut vermengen. Zwei Esslöffel Öl und den Essig hinzugeben und rasch unterrühren. Beiseitestellen.
- Die Eiweiße in einer großen Schüssel mit dem Elektromixer auf hoher Stufe steif schlagen. Die Eigelbe und zwei Esslöffel Öl langsam unterziehen. Die Masse in die vorbereitete Teigmischung gießen und mit einem Löffel vermengen.
- Den Teig auf das Backblech geben und mit beiden Händen zu einem Rechteck von 24 × 27 cm formen. Alternativ den Teig mit Pergamentpapier bedecken und mit einem Nudelholz gut 1 cm dick ausrollen.
- Zehn Minuten backen. Aus dem Ofen nehmen und mit dem stumpfen Ende eines Holzlöffels oder einem anderen kleinen, abgerundeten Gegenstand in fingerbreiten Abständen kleine Mulden in die Oberfläche drücken. Mit den übrigen zwei Esslöffeln Öl bepinseln und mit dem restlichen Viertel Teelöffel Salz bestreuen. Acht Minuten backen, bis der Teig leicht gebräunt ist.
- Mit einem Pizzaschneider oder Messer in sechs gleich große Stücke teilen.

Pro Portion: 545 Kalorien, 19 g Protein, 19 g Kohlenhydrate, 47 g Gesamtfett, 7 g gesättigte Fette, 11 g Ballaststoffe, 905 mg Natrium

Sandwich-Brötchen

Aktive Zeit: 5 Minuten/Gesamtzeit: 20 Minuten

Für vier halbe
oder zwei ganze Sandwiches

Diese weizenfreien Brötchen kann man gut mit Wurst und Ei füllen. Oder mit einer kleinen Frikadelle.

Um morgens Zeit zu sparen, sollte man sie vorab zubereiten. Für größere Mengen lässt sich das Rezept problemlos verdoppeln oder verdreifachen. Besonders delikat schmecken die Brötchen mit je einem Viertel Teelöffel getrocknetem Rosmarin und Oregano.

125 g Allzweckmehl (siehe Seite 40)
½ TL Backpulver, aluminiumfrei
½ TL Meersalz
2 EL Olivenöl, extra vergine
1 Ei

- Den Backofen auf 175 °C vorheizen. Vier Mulden eines Whoopie-Blechs fetten.
- Das Allzweckmehl mit Backpulver und Salz mischen. Das Öl gründlich unterrühren. Das Ei hinzufügen und ebenfalls unterrühren. Falls der Teig zu fest ist, esslöffelweise Wasser unterziehen.
- Den Teig auf die vier Whoopie-Mulden verteilen. Die einzelnen Brötchen mit einem Löffel flach streichen (gut 1 cm dick) und eine leichte Mulde in die Mitte drücken.

- Zwölf Minuten backen, bis die Ränder leicht gebräunt sind. Drei Minuten abkühlen lassen, dann vorsichtig aus der Form lösen.

Pro Portion (½ Brötchen): 240 Kalorien, 8 g Protein, 8 g Kohlenhydrate, 21 g Gesamtfett, 2 g gesättigte Fette, 5 g Ballaststoffe, 417 mg Natrium

Backmischung für Leinsamen-Wraps

Aktive Zeit: 5 Minuten/Gesamtzeit: 5 Minuten

Für rund 350 g

Aus gemahlenem gelbem Leinsamen kann man ausgezeichnete Wraps herstellen, die sich genauso wie Wraps aus Weizen oder Maisstärke verwenden lassen.

280 g gemahlener gelber Leinsamen
1 TL Backpulver, aluminiumfrei
1 ½ TL Zwiebelpulver
1 TL Knoblauchpulver
½ TL Meersalz

- Leinsamen, Backpulver, Zwiebelpulver, Knoblauchpulver und Salz in einer Schüssel vermischen. Luftdicht verschlossen aufbewahren, am besten im Kühlschrank.

Pro Portion (125 g): 123 Kalorien, 6 g Protein, 9 g Kohlenhydrate, 9 g Gesamtfett, 0 g gesättigte Fette, 8 g Ballaststoffe, 149 mg Natrium

Leinsamen-Wrap

Aktive Zeit: 5 Minuten/Gesamtzeit: 15 Minuten

Für 1 Stück

Dieses Rezept habe ich wegen seiner Vielseitigkeit aus dem ersten Kochbuch übernommen. Die Wraps eignen sich für zahllose Gelegenheiten. Als Ausgangsbasis verwenden wir die Backmischung für Leinsamen-Wraps (siehe Seite 48).

40 g Backmischung für Leinsamen-Wraps (siehe Seite 48)
1 TL Kokosöl, zerlassen, oder Olivenöl
1 Ei

- Die Backmischung, das Öl, das Ei und einen Esslöffel Wasser in einer Schüssel zu einem dünnen, gießbaren Teig verrühren.
- Eine mikrowellenfeste Glas- oder Kunststoffform von 22 cm Durchmesser fetten. Den Teig in die Backform gießen und gleichmäßig verteilen. Auf hoher Stufe zwei bis drei Minuten in der Mikrowelle garen. Fünf Minuten abkühlen lassen. (Alternativ im Backofen bei 190 °C in einer gefetteten, flachen Kuchenform zehn Minuten backen, bis die Mitte gar ist.)
- Vor dem Entnehmen mit einem Holzspatel anheben. Wenn der Wrap an der Form klebt, vorsichtig mit einem Pfannenwender lockern. Wenden und nach Wunsch belegen oder zur späteren Verwendung im Kühlschrank lagern.

Pro Portion (1 Wrap): 234 Kalorien, 12 g Protein, 9 g Kohlenhydrate, 18 g Gesamtfett, 6 g gesättigte Fette, 8 g Ballaststoffe, 220 mg Natrium

Pita-Chips

Aktive Zeit: 5 Minuten/Gesamtzeit: 10 Minuten

Für 1 Portion

Wenn man die Zutaten für den Leinsamen-Wrap einfach ein wenig länger in die Mikrowelle stellt, entsteht im Handumdrehen eine ganze Schüssel voller pita-ähnlicher Cracker, die man beispielsweise in frische Guacamole (siehe Seite 60) oder würzigen Hummus (siehe Seite 56) tunken kann. Wer mehr Chips möchte, arbeitet mit zwei Kuchenformen. Auf diese Weise kann man schon die nächste Portion Teig anrühren, während die erste noch in der Mikrowelle gart.

125 g Backmischung für Leinsamen-Wraps (siehe Seite 48)
1 TL Kokosöl, zerlassen, oder Olivenöl
1 Ei

- Die Backmischung, das Öl, das Ei und einen Esslöffel Wasser in einer Schüssel zu einem dünnen, gießbaren Teig verrühren.
- Eine mikrowellenfeste Glas- oder Kunststoffform von 22 cm Durchmesser ausfetten. Den Teig in die Backform gießen und die Schüssel mit dem Teigschaber auskratzen. Den Teig durch Schwenken der Form gleichmäßig verteilen.
- Auf hoher Stufe dreieinhalb bis fünf Minuten garen, bis der Teig knusprig ist. Dann in die gewünschte Größe und Form brechen.

Pro Portion: 234 Kalorien, 12 g Protein, 9 g Kohlenhydrate, 18 g Gesamtfett, 6 g gesättigte Fette, 8 g Ballaststoffe, 220 mg Natrium

Backmischung für Tortillas

Aktive Zeit: 5 Minuten/Gesamtzeit: 5 Minuten

Für 600 g

Diese Backmischung eignet sich, um Tortillas auf Vorrat zu backen. Vier Tortillas im Kühlschrank dürften schließlich erst einmal für einige Tage reichen. Mit ein paar Zutaten kann man daraus auf die Schnelle eine Quesadilla (Käse-Tortilla) oder Minipizza machen.

450 g gemahlener gelber Leinsamen
100 g Mandelmehl
2 EL Zwiebelpulver
2 TL Knoblauchpulver
1 ½ TL Meersalz

- Leinsamen, Mandelmehl, Zwiebelpulver, Knoblauchpulver und Salz in einer großen Schüssel verrühren. Luftdicht verschlossen aufbewahren, am besten im Kühlschrank.

Pro Portion (125 g): 126 Kalorien, 6 g Protein, 8 g Kohlenhydrate, 10 g Gesamtfett, 0 g gesättigte Fette, 7 g Ballaststoffe, 142 mg Natrium

Tortillas

Aktive Zeit: 5 Minuten/Gesamtzeit: 10 Minuten

Für 4 Stück

So backen wir aus der Backmischung gleich vier Tortillas auf einmal.

250 g Backmischung für Tortillas (siehe Seite 51)
2 Eier

- Den Ofen auf 190 °C vorheizen. Ein Backblech mit Backpapier auslegen.
- Die Backmischung in eine große Schüssel füllen. Die Eier aufschlagen und unterrühren, bis ein Teig entstanden ist. Den Teig in vier gleich große Portionen teilen.
- Jede Portion zwischen zwei Stücken Pergamentpapier auf 15 cm Durchmesser ausrollen. Alternativ eine mit Pergamentpapier ausgekleidete Tortillapresse verwenden (das ist die einfachere Variante).
- Die Tortillas mit beiden Stücken Pergamentpapier auf das Backblech legen und in fünf Minuten goldbraun backen.
- Im Kühlschrank aufbewahren.

Pro Portion (1 Tortilla): 162 Kalorien, 9 g Protein, 8 g Kohlenhydrate, 12 g Gesamtfett, 1 g gesättigte Fette, 7 g Ballaststoffe, 177 mg Natrium

Saucen und Dressings

Ob fertige Würzmischungen oder Saucen und Dressings aus dem Supermarkt: Viel zu oft verstecken sich Weizen oder andere ungesunde Zutaten darin. In vielen Salatdressings und in praktisch allen Barbecuesaucen und Ketchups ist beispielsweise Maissirup. Wenn Sie die Inhaltsstoffe der üblichen Produkte im Supermarktregal überfliegen, erkennen Sie schnell, dass hier nur sehr selten wirklich gesunde Angebote bereitstehen.

Darum sind in diesem Kapitel diverse weizenfreie Saucenrezepte zu finden, die keine ungesunden Zutaten enthalten und gerade in der schnellen Küche interessante Geschmacksrichtungen beisteuern.

Basilikum-Pesto

Aktive Zeit: 5 Minuten/Gesamtzeit: 5 Minuten

Für rund 180 ml

Ich züchte mein Basilikum am liebsten selbst und pflücke die saftigsten Blätter, um dieses Pesto frisch zuzubereiten, das von der Kombination aus Olivenöl, Parmesan und Basilikum lebt. Mit Basilikum-Pesto lassen sich köstliche Gerichte zaubern. Mit etwas Salz und Pfeffer schmeckt es wunderbar zu Shirataki-Nudeln. Auch Rühreier profitieren von einigen Esslöffeln Pesto – die Farbe ist ungewöhnlich, der Geschmack jedoch phänomenal.

1 große Handvoll frische Basilikumblätter
2 EL Pinienkerne
2 Knoblauchzehen
80 ml Olivenöl, extra vergine
4 EL geriebener Parmesan
¼ TL Meersalz
1 ½ TL Weißwein-Balsamico

Das Basilikum mit den Pinienkernen und dem Knoblauch fein hacken (zum Beispiel in der Küchenmaschine), bis eine Paste entsteht. Öl, Käse, Salz und Essig hinzufügen und weiterverarbeiten, bis alle Zutaten sich zu einem leuchtend grünen Pesto verbunden haben.

Pro Esslöffel: 86 Kalorien, 1 g Protein, 1 g Kohlenhydrate, 9 g Gesamtfett, 1,5 g gesättigte Fette, 0 g Ballaststoffe, 70 mg Natrium

Würziger Hummus

Aktive Zeit: 10 Minuten/Gesamtzeit: 10 Minuten

Für 430 g

Hummus ist zum Dippen und für Sandwiches vielseitig verwendbar. Selbst gemachter Hummus ist zudem vergleichsweise preiswert.

Mit gebackenem Knoblauch wird der Geschmack intensiver und milder zugleich. Dazu bitte von einer Knoblauchknolle den obersten Zentimeter abschneiden, mit einem halben Teelöffel Olivenöl beträufeln und in Alufolie wickeln. Bei 190 Grad im Backofen 40 bis 45 Minuten backen, bis die Zehen weich sind. 20 Minuten abkühlen lassen, dann die weichen Knoblauchzehen in die Kichererbsenmischung drücken.

Wer den Geschmack von Tahini ablehnt, kann stattdessen geröstetes Sesamöl verwenden oder diese Zutat ganz weglassen.

4 EL Olivenöl, extra vergine
1 Dose (465 g) Kichererbsen, abgespült und abgetropft
3 bis 4 Knoblauchzehen, gehackt
3 EL Zitronensaft
2 EL Tahini (Sesampaste)
½ TL scharfe Paprika, gemahlen (nach Belieben)
½ TL Paprika, edelsüß
½ TL feines Meersalz
½ EL geriebener Parmesan oder Romano-Käse (nach Belieben)
1 EL Pinienkerne (nach Belieben)
1 EL Schnittlauch, gehackt (nach Belieben)

- Das Olivenöl mit den Kichererbsen und dem Knoblauch fein hacken (zum Beispiel in der Küchenmaschine). Zitronensaft, Tahini, Paprika und Salz hinzufügen und alles zu einer gleichmäßigen Paste verarbeiten. Nach Geschmack mit Käse, Pinienkernen oder Schnittlauch würzen. Luftdicht verschlossen im Kühlschrank aufbewahren.

Pro Portion (125 g): 118 Kalorien, 3 g Protein, 6 g Kohlenhydrate, 10 g Gesamtfett, 1 g gesättigte Fette, 1 g Ballaststoffe, 179 mg Natrium

Marinarasauce

Aktive Zeit: 10 Minuten/Gesamtzeit: 30 Minuten

Für rund 1750 ml

Wie andere Saucen und Dressings enthalten auch viele kommerzielle Marinarasaucen Zucker oder Maissirup. Die Herausforderung bei der eigenen Zubereitung liegt in der Vorgabe von maximal einer halben Stunde. Mit etwas Rotwein verschwindet die Restbitterkeit nicht erst nach zwei Stunden Köcheln. Für solche Zwecke habe ich gern eine Flasche Côtes du Rhône, Burgunder oder Cabernet Sauvignon im Kühlschrank, die zum Trinken schon etwas zu lange offen steht.

2 EL Olivenöl, extra vergine
2 Schalotten oder 1 mittelgroße Zwiebel, fein gehackt
3 Knoblauchzehen
1 TL Chiliflocken
2 große Dosen Tomaten (je 840 g), gewürfelt
1 Dose Tomatenmark (180 g)
2 EL italienische Kräuter* (siehe Seite 82)
Süßungsmittel entsprechend 1 EL Zucker
Salz und Pfeffer zum Abschmecken
4 EL Rotwein

* Alternativ je zwei Teelöffel getrocknetes Basilikum, getrockneten Oregano und getrockneten Rosmarin unterziehen.

- Das Öl in einem großen Topf auf mittlerer Stufe erhitzen. Schalotten, Knoblauch und Chiliflocken darin anbraten, bis die Schalotten glasig sind.
- In der Zwischenzeit die Tomaten im Mixer zur gewünschten Konsistenz zerkleinern (je kürzer, desto stückiger die Sauce). Die Tomaten in den Topf gießen. Tomatenmark, Kräuter, Süßungsmittel, Salz und Pfeffer unterrühren und alles auf mittlerer Hitze leicht aufkochen. Auf kleiner Stufe unter gelegentlichem Umrühren 20 Minuten kochen lassen.
- Zum Schluss den Rotwein unterrühren und vom Herd nehmen.

Pro Portion (125 ml): 74 Kalorien, 2 g Protein, 11 g Kohlenhydrate, 2 g Gesamtfett, 0 g gesättigte Fette, 2 g Ballaststoffe, 261 mg Natrium

Guacamole

Aktive Zeit: 10 Minuten/Gesamtzeit: 10 Minuten

Für 6 Portionen

Zum Eintunken von Pita-Chips (siehe Seite 50), aber auch zum Bestreichen von Wraps, Tortillas oder Sandwiches. Die Guacamole ist zudem ein nahrhafter, pikanter Dip für rohes Gemüse.

3 reife Avocados, halbiert, geschält und entkernt
1 Zwiebel, grob gehackt
1 Serrano-Chili, grob gehackt (beim Verarbeiten Einmalhandschuhe tragen)
2 Knoblauchzehen, grob gehackt
6 EL frischer Koriander, gehackt
Saft von 1 Limette
½ TL Meersalz
1 Tomate, grob gehackt

Die Avocados mit Zwiebel, Chili, Knoblauch, Koriander, Limettensaft und Salz in die Küchenmaschine füllen. Hacken oder pulsierend zerkleinern. Die Masse soll leicht stückig bleiben. Die Tomate hinzufügen und bis zur gewünschten Konsistenz weiterverarbeiten.

Pro Portion: 129 Kalorien, 2 g Protein, 9 g Kohlenhydrate, 11 g Gesamtfett, 1 g gesättigte Fette, 5 g Ballaststoffe, 140 mg Natrium

Barbecuesauce

Aktive Zeit: 5 Minuten/Gesamtzeit: 25 Minuten

Für rund 750 ml

3 Knoblauchzehen, gehackt
1 EL Chilipulver
1 EL Olivenöl
1 Dose passierte Tomaten (840 g)
2 EL zuckerfreier Sirup
1 EL Apfelessig
2 EL Senf
½ TL scharfe Paprika, gemahlen
½ TL Meersalz
1 EL Zwiebelpulver
Süßungsmittel entsprechend 4 EL Zucker

- Knoblauch und Chilipulver im Öl in einem ausreichend großen Topf auf mittlerer Hitze drei Minuten anbraten. Passierte Tomaten, Sirup, Essig, Senf, scharfe Paprika, Salz, Zwiebelpulver und Süßungsmittel hinzufügen. Einmal aufkochen, dann die Hitzezufuhr drosseln, Deckel aufsetzen und 15 Minuten auf kleiner Hitze garen, dabei gelegentlich umrühren.
- Vom Herd nehmen und nach dem Abkühlen im Kühlschrank aufbewahren.

Pro Portion (125 ml): 47 Kalorien, 1 g Protein, 9 g Kohlenhydrate, 1 g Gesamtfett, 0 g gesättigte Fette, 1 g Ballaststoffe, 316 mg Natrium

Thai Red Curry-Sauce

Aktive Zeit: 5 Minuten/Gesamtzeit: 5 Minuten

Für ca. 420 ml

Eine köstlich aromatische Sauce zu Fleisch und Gemüse aller Art.

1 Dose Kokosmilch (400 ml)
2 EL rote Currypaste
¾ TL Reisessig
¾ TL Tamarisauce

- Kokosmilch, Currypaste, Essig und Tamari gut verrühren. Luftdicht verschlossen im Kühlschrank aufbewahren.

Pro Portion (125 ml): 269 Kalorien, 3 g Protein, 6 g Kohlenhydrate, 27 g Gesamtfett, 24 g gesättigte Fette, 2 g Ballaststoffe, 477 mg Natrium

Ingwer-Miso-Sauce

Aktive Zeit: 5 Minuten/Gesamtzeit: 5 Minuten

Für rund 250 ml

Eine asiatisch angehauchte Sauce zum Marinieren, zu Huhn oder Fisch, als delikate Alternative zu Barbecue-Ribs oder einfach als Salatdressing. Misopaste gibt es in Bioläden oder in asiatischen Lebensmittelmärkten.

1 ½ EL Misopaste
2 EL Sesamöl
1 EL Reisweinessig
1 TL Wasabipulver (nach Belieben)
1 TL frischer Ingwer, geraspelt
½ TL Knoblauch, gehackt (1 kleine Zehe)
1 TL Zwiebelpulver
2 EL Sesamsamen

- Miso, Sesamöl, Essig, Wasabi, Ingwer, Knoblauch, Zwiebelpulver, Sesamsamen und vier Esslöffel Wasser in einer Schüssel verrühren, bis das Miso sich vollständig aufgelöst hat.
- Luftdicht verschlossen im Kühlschrank aufbewahren.

Pro Esslöffel: 50 Kalorien, 1 g Protein, 1 g Kohlenhydrate, 5 g Gesamtfett, 0,5 g gesättigte Fette, 0 g Ballaststoffe, 144 mg Natrium

Tsatsiki

Aktive Zeit: 5 Minuten/Gesamtzeit: 5 Minuten

Für 330 ml

In der griechischen Küche darf Tsatsiki nicht fehlen. Es passt hervorragend zu mediterranen Lammfrikadellen (siehe Seite 228) und Grillfleisch aller Art.

250 g Vollmilchjoghurt, natur
60 g Salatgurke, geschält und geraspelt
2 EL Olivenöl, extra vergine
1 EL frischer Dill, fein gehackt
1 TL frische Minze, fein gehackt
¼ TL Knoblauchpulver
½ TL grobes Steinsalz
⅛ TL schwarzer Pfeffer, gemahlen

- Joghurt, Gurkenraspel, Öl, Dill, Minze, Knoblauchpulver, Salz und Pfeffer in eine Schüssel geben. Gut umrühren.

Pro Portion (6 Esslöffel): 99 Kalorien, 6 g Protein, 3 g Kohlenhydrate, 7 g Gesamtfett, 1 g gesättigte Fette, 0 g Ballaststoffe, 242 mg Natrium

Sauce Tartare

Aktive Zeit: 5 Minuten/Gesamtzeit: 5 Minuten

Für rund 180 ml

Diese einfache, traditionelle Sauce ist rundum gesund. Passt gut zu Fisch.

125 ml Mayonnaise (siehe Seite 66)
6 EL eingelegte Pickles in Dill, fein gehackt
1 TL getrocknete Zwiebel
2 TL Zitronensaft

- Mayonnaise, Pickles, Zwiebel und Zitronensaft in einer Schüssel verrühren.

Pro Portion (2 Esslöffel): 69 Kalorien, 0 g Protein, 1 g Kohlenhydrate, 7 g Gesamtfett, 1 g gesättigte Fette, 0 g Ballaststoffe, 230 mg Natrium

Mayonnaise

Aktive Zeit: 5 Minuten/Gesamtzeit: 5 Minuten

Für etwa 600 ml

Ja: Mayonnaise. Denn ich habe immer wieder gehört: »Der Mayonnaise aus dem Supermarkt traue ich nicht. Kann ich die nicht mit gesunden Zutaten selbst anrühren?« Kein Problem! Wichtig ist, dass alle Zutaten Zimmertemperatur haben. Was zu kalt ist oder direkt aus dem Kühlschrank kommt, sollte zunächst in heißem Wasser angewärmt werden. Die fertige Mayonnaise kann mit Paprika oder Dill abgeschmeckt werden.

3 Eigelb
2 TL Dijonsenf
¼ TL Meersalz
500 ml besonders mildes Olivenöl
4 EL Weißweinessig

- Eigelbe, Senf und Salz in den Mixer oder in die Küchenmaschine geben und auf hoher Stufe verarbeiten. Langsam das Olivenöl hinzugießen (über mehrere Minuten hinweg!) und dabei die Maschine weiterlaufen lassen, bis die Masse andickt. Den Essig zufügen und vollständig unterarbeiten.
- Luftdicht verschlossen hält sich die Mayonnaise im Kühlschrank bis zu einer Woche.

Pro Esslöffel: 102 Kalorien, 0 g Protein, 0 g Kohlenhydrate, 12 g Gesamtfett, 2 g gesättigte Fette, 0 g Ballaststoffe, 26 mg Natrium

Aïoli

Aktive Zeit: 5 Minuten/Gesamtzeit: 5 Minuten

Für etwa 250 ml

Diese pikante Sauce schmeckt auf weizenfreien Sandwiches oder zu Lachskroketten (siehe Seite 275).

250 ml Mayonnaise (siehe Seite 66)
1 EL Zitronensaft
1 Knoblauchzehe, gehackt
⅛ TL Meersalz
⅛ TL schwarzer Pfeffer, gemahlen

- Mayonnaise, Zitronensaft, Knoblauch, Salz und Pfeffer in einer kleinen Schüssel gut verrühren.
- Luftdicht verschlossen im Kühlschrank aufbewahren.

Pro Esslöffel: 101 Kalorien, 0 g Protein, 0 g Kohlenhydrate, 11 g Gesamtfett, 1,5 g gesättigte Fette, 0 g Ballaststoffe, 102 mg Natrium

Cajun-Mayonnaise

Aktive Zeit: 5 Minuten/Gesamtzeit: 5 Minuten

Für rund 125 ml

Eine würzige Mayonnaise, die Sandwiches und Wraps abrundet, aber auch als Dip zu Gemüse schmeckt. Oder Sie verrühren sie mit Eigelb, um köstliche gefüllte Eier zu zaubern.

8 EL Mayonnaise (siehe Seite 66)
1 TL Tomatenmark
1 TL Zitronensaft
¾ TL Cajun-Gewürz (siehe Seite 84)

- Mayonnaise, Tomatenmark, Zitronensaft und Cajungewürz in eine kleine Schüssel füllen. Gut umrühren.

Pro Esslöffel: 103 Kalorien, 0 g Protein, 0 g Kohlenhydrate, 12 g Gesamtfett, 2 g gesättigte Fette, 0 g Ballaststoffe, 36 mg Natrium

Karotten-Ingwer-Dressing Tokio

Aktive Zeit: 10 Minuten/Gesamtzeit: 10 Minuten

Für etwa 500 ml

Haben Sie schon einmal im japanischen Restaurant einen Salat gegessen? Der grüne Salat ist meist wenig eindrucksvoll, aber das Karotten-Ingwer-Dressing!? Phänomenal! Deshalb erhalten Sie an dieser Stelle ein Geheimrezept.

Statt des üblichen Eisbergsalats im Restaurant kombinieren wir diese Salatsauce mit den verschiedensten grünen Blattsalaten. Vergessen Sie nicht ein paar Blättchen Rucola.

3 große Karotten, in Scheiben
2 EL frischer Ingwer, grob gehackt
1 Schalotte, grob gehackt
125 ml mildes Olivenöl oder Kokosöl, geschmolzen
1 EL geröstetes Sesamöl
4 EL Reisessig
1 EL glutenfreie Sojasauce oder Misopaste

- Karotten, Ingwer, Schalotte, Olivenöl oder Kokosöl, Sesamöl, Essig, zwei Esslöffel Wasser und Sojasauce oder Miso in der Küchenmaschine pulsierend zu einer dünnen Paste verarbeiten.
- Luftdicht verschlossen im Kühlschrank aufbewahren.

Pro Portion (2 Esslöffel): 80 Kalorien, 0 g Protein, 3 g Kohlenhydrate, 8 g Gesamtfett, 1 g gesättigte Fette, 1 g Ballaststoffe, 127 mg Natrium

Ranch-Dressing

Aktive Zeit: 5 Minuten/Gesamtzeit: 5 Minuten

Für etwa 500 ml

Dieses Rezept ist unter den Anhängern der weizenfreien Ernährung ein Dauerbrenner.

225 g saure Sahne
125 g Mayonnaise
110 g geriebener Parmesan
1 TL Knoblauchpulver
1 ½ TL Zwiebelpulver
1 EL Weißweinessig
1 Prise Meersalz

- Saure Sahne, Mayonnaise, Käse, Knoblauchpulver, Zwiebelpulver, Essig, Salz und einen Esslöffel Wasser in einer Schüssel verrühren. Wenn die Sauce zu dick wirkt, noch etwas Wasser hinzugeben.
- In eine Flasche oder ein Glas umfüllen und im Kühlschrank lagern.

Pro Portion (2 Esslöffel): 53 Kalorien, 1 g Protein, 2 g Kohlenhydrate, 5 g Gesamtfett, 2 g gesättigte Fette, 0 g Ballaststoffe, 104 mg Natrium

Ranch-Dressing mit Kräutern

Aktive Zeit: 5 Minuten/Gesamtzeit: 5 Minuten

Für rund 500 ml

Zur leichteren Zubereitung verwenden wir für dieses Rezept handelsübliche Mayonnaise. Dennoch steht und fällt die Qualität genau damit. Achten Sie also auf eine Marke ohne ungesunde gehärtete Fette, oder machen Sie Ihre Mayonnaise notfalls lieber selbst (siehe Seite 66). Zum Glück basiert Mayonnaise in der Regel einfach auf Ölen, Eiern, Essig und Gewürzen. Viele Hersteller nehmen Sojaöl (mit hohem Omega-6-Anteil), aber wenn man sich ein wenig umsieht, findet man Produkte auf Olivenölbasis oder mit Kokosöl. Sie können auch konventionelle Mayonnaise im Verhältnis 2:1 mit einem gesunden Öl eigener Wahl mischen.

250 g Mayonnaise
125 g saure Sahne
125 ml Buttermilch
2 EL Zitronensaft
4 EL Petersilie, gehackt
2 EL Schnittlauch, gehackt
¼ TL getrockneter Dill

- Alle Zutaten in eine Schüssel geben und gut verrühren.
- In ein Einmachglas umfüllen und im Kühlschrank lagern.

Pro Portion (2 Esslöffel): 117 Kalorien, 1 g Protein, 1 g Kohlenhydrate, 12 g Gesamtfett, 2 g gesättigte Fette, 0 g Ballaststoffe, 103 mg Natrium

Pestosauce

Aktive Zeit: 5 Minuten/Gesamtzeit: 5 Minuten

Für rund 180 ml

Streichen Sie diese Pestosauce auf Sandwiches, oder verwenden Sie sie als Dressing für grünen Salat.

4 EL saure Sahne
4 EL Buttermilch
3 EL Basilikum-Pesto (siehe Seite 55)
1 EL Romano-Käse, gerieben

- Alle Zutaten in einer kleinen Schüssel gut verrühren.
- In eine Flasche oder ein Glas umfüllen und im Kühlschrank lagern.

Pro Portion (2 Esslöffel): 25 Kalorien, 1 g Protein, 1 g Kohlenhydrate, 2 g Gesamtfett, 1 g gesättigte Fette, 0 g Ballaststoffe, 27 mg Natrium

Tomatencreme

Aktive Zeit: 5 Minuten/Gesamtzeit: 5 Minuten

Für rund 375 ml

Eine Variation des klassischen Thousand-Island-Dressings, die ebenso gut wie das Original zum Sandwich passt.

250 g Mayonnaise
125 ml Tomatensauce
2 EL sonnengetrocknete Tomaten, gehackt
1 EL Apfelessig
6 EL frischer Koriander, gehackt
¼ TL schwarzer Pfeffer, gemahlen
¼ TL Meersalz

- Alle Zutaten in eine Schüssel geben und gründlich verrühren. In eine Flasche oder ein Glas umfüllen und im Kühlschrank lagern.

Pro Portion (2 Esslöffel): 141 Kalorien, 1 g Protein, 2 g Kohlenhydrate, 15 g Gesamtfett, 2 g gesättigte Fette, 1 g Ballaststoffe, 244 mg Natrium

Marokkanische Vinaigrette

Aktive Zeit: 5 Minuten/Gesamtzeit: 5 Minuten

Für rund 375 ml

Die einzigartigen Aromen der Marokko-Gewürzmischung runden Salate wunderbar ab. Besonders gut schmeckt das Dressing zu mediterranen Salaten mit Blattsalat, schwarzen Oliven und Fetakäse.

250 ml Olivenöl, extra vergine
125 ml Essig (Rotwein, Weißwein oder Apfel)
4 TL Marokko-Gewürz (siehe Seite 81)

- Alle Zutaten in einen Schüttelbecher oder ein Schraubglas geben, verschließen und gut durchschütteln.
- Im Kühlschrank aufbewahren.

Pro Esslöffel: 87 Kalorien, 0 g Protein, 0 g Kohlenhydrate, 9 g Gesamtfett, 1,5 g gesättigte Fette, 0 g Ballaststoffe, 0 mg Natrium

Italienische Vinaigrette

Aktive Zeit: 5 Minuten/Gesamtzeit: 5 Minuten

Für rund 375 ml

Wer italienische Kräuter im Haus hat, kann jederzeit auch eine entsprechend abgeschmeckte Vinaigrette herstellen.

250 ml Olivenöl, extra vergine
125 ml Essig (Rotwein, Weißwein oder Apfel)
1 EL italienische Kräuter (siehe Seite 82)
½ TL Meersalz

- Alle Zutaten in einen Schüttelbecher oder ein Schraubglas geben, verschließen und gut durchschütteln.
- Im Kühlschrank aufbewahren.

Pro Esslöffel: 87 Kalorien, 0 g Protein, 0 g Kohlenhydrate, 9 g Gesamtfett, 1 g gesättigte Fette, 0 g Ballaststoffe, 49 mg Natrium

Italienische Vinaigrette mit Tomaten

Aktive Zeit: 5 Minuten/Gesamtzeit: 5 Minuten

Für rund 330 ml

Ein vielseitiges Dressing für diverse Salate.

250 ml Olivenöl, extra vergine
4 EL Rotweinessig
4 EL sonnengetrocknete Tomaten, gehackt
2 TL italienische Kräuter (siehe Seite 82)
2 EL Romano-Käse, gerieben

- Alle Zutaten mit vier Esslöffeln Wasser in den Mixer geben und gründlich durchmixen.
- In eine Flasche oder ein Glas umfüllen und im Kühlschrank lagern.

Pro Portion (2 Esslöffel): 55 Kalorien, 0 g Protein, 0 g Kohlenhydrate, 6 g Gesamtfett, 1 g gesättigte Fette, 0 g Ballaststoffe, 9 mg Natrium

Chia-Pflaumensauce

Aktive Zeit: 5 Minuten/Gesamtzeit: 15 Minuten

Für rund 250 ml

Die Pflaumen für diese Sauce müssen vollreif, saftig und etwas weich sein. Dank der gelierenden Wirkung der Chiasamen ist das eine köstliche Sauce, die man gut auf Scones, auf ein Stück Focaccia (siehe Seite 42) oder auf weizenfreie Pfannkuchen streichen kann.

4 Pflaumen, entsteint und grob gehackt
3 EL Chiasamen, gemahlen
250 ml Süßungsmittel entsprechend 4 EL Zucker
1 EL Zitronensaft

- Die Pflaumen im Mixer oder in der Küchenmaschine eine Minute pulsierend zerkleinern, bis ein dicker Brei entsteht. Die Pflaumenmasse mit Chiasamen, Süßungsmittel und Zitronensaft in eine Schüssel geben und gut verrühren. Zehn Minuten ziehen lassen.
- Luftdicht verschlossen im Kühlschrank aufbewahren. Vor dem Anrichten umrühren.

Pro Portion (2 Esslöffel): 26 Kalorien, 1 g Protein, 6 g Kohlenhydrate, 1 g Gesamtfett, 0 g gesättigte Fette, 1 g Ballaststoffe, 0 mg Natrium

Erdbeerbutter

Aktive Zeit: 5 Minuten/Gesamtzeit: 10 Minuten

Für etwa 200 g

Eine unkomplizierte Buttervariante, die besonders auf Sandwichbrot schmeckt (siehe Seite 41). Statt der Erdbeeren kann man natürlich auch andere Beeren, wie frische oder gekochte Cranberrys oder Aprikosen, verwenden. Die fertige Butter erst in Frischhaltefolie, dann in Alufolie einwickeln. So verpackt hält sie sich tiefgekühlt einen vollen Monat.

70 g frische Erdbeeren
125 g Butter, zimmerwarm
Süßungsmittel entsprechend 2 EL Zucker

- Die Erdbeeren im Mixer oder in der Küchenmaschine pulsierend fein hacken. Alle Zutaten in eine Schüssel geben und gründlich verrühren. Alternativ alle Zutaten in der Küchenmaschine mit dem Rühreinsatz auf kleiner Stufe gründlich durchrühren. Luftdicht verschlossen im Kühlschrank aufbewahren.

Pro Esslöffel: 107 Kalorien, 0 g Protein, 2 g Kohlenhydrate, 12 g Gesamtfett, 7 g gesättigte Fette, 0 g Ballaststoffe, 101 mg Natrium

Kräuterbutter

Aktive Zeit: 5 Minuten/Gesamtzeit: 10 Minuten

Für rund 250 g

Etwas duftende Kräuterbutter sollte immer im Haus sein, um Gemüse, Blumenkohl, Huhn, Rindfleisch oder Fisch mit einem Tupfer davon aufzupeppen. Gut gekühlt kann man ein paar Scheiben aufschneiden und auf den Tisch bringen; bei halbfester Konsistenz lässt sich die Butter auch hübsch in die jeweils gewünschte Form bringen. Ich bewahre gern verschiedene Kräuterbuttervarianten in Souffléförmchen im Kühlschrank auf. Die Kräuter können beliebig variieren. Experimentieren Sie mit Schnittlauch, Salbei oder Thymian. Die fertige Butter erst in Frischhaltefolie, dann in Alufolie einwickeln. So verpackt hält sie sich tiefgekühlt einen vollen Monat.

250 g Butter, zimmerwarm
4 EL frisches Basilikum, frischer Rosmarin oder frischer Majoran
½ TL Knoblauchpulver oder 1 TL gehackter Knoblauch
½ TL Meersalz

- Die Butter mit Kräutern, Knoblauch und Salz gründlich verkneten. Alternativ alle Zutaten in der Küchenmaschine mit dem Rühreinsatz auf kleiner Stufe gründlich durchrühren. Luftdicht verschlossen im Kühlschrank aufbewahren.

Pro Esslöffel: 102 Kalorien, 0 g Protein, 0 g Kohlenhydrate, 12 g Gesamtfett, 7 g gesättigte Fette, 0 g Ballaststoffe, 150 mg Natrium

Gewürzmischungen

Auch in handelsüblichen Gewürzmischungen können Weizen sowie Maltodextrin, Maisstärke, Zucker, BHT (Butylhydroxytoluol, E 321) und andere unerwünschte Substanzen enthalten sein. Einzelne Gewürze und Kräuter dagegen, ob frisch oder getrocknet, sind praktisch immer frei von Weizen und Co. Diese Rezepte ermöglichen das Mischen gesunder Standardgewürze, die dann zeitsparend bereitstehen und das Kochen erleichtern.

Viele Rezepte in diesem Buch greifen darauf zurück. Idealerweise werden die Gewürze luftdicht verschlossen gelagert. Wer gern großzügig würzt oder viele Leute bekocht, kann problemlos gleich die doppelte, dreifache oder mehrfache Menge anmischen.

Da die Kalorien und Kohlenhydrate kaum ins Gewicht fallen, wurde auf die Nährwertangaben verzichtet.

Marokko-Gewürz

Aktive Zeit: 5 Minuten/Gesamtzeit: 5 Minuten

Für rund 125 g

2 EL gemahlener Kreuzkümmel
1 EL gemahlener Koriander
2 TL gemahlener Ingwer
1 ½ TL gemahlener Zimt
1 TL scharfe Paprika, gemahlen
1 TL gemahlener Kardamom
½ TL gemahlene Nelken
1 TL getrocknete Orangenschale (nach Belieben)

- Alle Zutaten in einer Schüssel gut verrühren.
- Luftdicht verschlossen lagern.

Italienische Kräuter

Aktive Zeit: 5 Minuten/Gesamtzeit: 5 Minuten

Für rund 80 g

2 EL getrocknetes Basilikum
2 EL getrockneter Oregano
2 EL getrockneter Rosmarin, zerdrückt
1 EL getrockneter Majoran
1 EL Knoblauchpulver
1 EL Zwiebelpulver
1 TL schwarzer Pfeffer, gemahlen

- Alle Zutaten in einer Schüssel gut verrühren.
- Luftdicht verschlossen lagern.

Taco-Gewürz

Aktive Zeit: 5 Minuten/Gesamtzeit: 5 Minuten

Für rund 80 g

3 EL Chilipulver
1 ½ EL Zwiebelpulver
2 TL Paprikapulver
2 TL Knoblauchpulver
1 ½ TL scharfe Paprika, gemahlen
1 ½ TL gemahlener Kreuzkümmel
1 TL getrockneter Oregano

- Alle Zutaten in einer Schüssel gut verrühren.
- Luftdicht verschlossen lagern.

Cajun-Gewürz

Aktive Zeit: 5 Minuten/Gesamtzeit: 5 Minuten

Für rund 80 g

2 EL Paprikapulver
1 EL Knoblauchpulver
1 EL Zwiebelpulver
2 TL schwarzer Pfeffer, gemahlen
1 ½ TL scharfe Paprika, gemahlen
1 TL getrockneter Oregano
1 TL getrockneter Thymian
½ TL Meersalz

- Alle Zutaten in einer Schüssel gut verrühren.
- Luftdicht verschlossen lagern.

Kräuter der Provence

Aktive Zeit: 5 Minuten/Gesamtzeit: 5 Minuten

Für rund 80 g

1 EL getrocknetes Bohnenkraut
1 EL getrockneter Rosmarin, zerdrückt
1 EL getrockneter Thymian
1 EL getrocknetes Basilikum
1 EL getrockneter Majoran
1 EL Fenchelsamen
1 TL getrockneter Estragon

- Alle Zutaten in einer Schüssel gut verrühren.
- Luftdicht verschlossen lagern.

Weizenfreie Rezepte

Frühstück

Pochierte Eier auf Spargel

Aktive Zeit: 5 Minuten/Gesamtzeit: 25 Minuten

Für 4 Portionen

Wenn wir den ganzen Tag reichlich grünes Gemüse verzehren wollen, können wir auch gleich beim Frühstück damit loslegen. Gewürzt werden die Eier mit Schnittlauch, doch man kann auch Petersilie, Rosmarin, Basilikum und Oregano verwenden, ob einzeln oder gemischt.

500 g grüner Spargel, ohne holzige Enden
2 EL Olivenöl, extra vergine
½ TL Meersalz
¼ TL Schwarzer Pfeffer, gemahlen
6 EL Butter
2 EL Schnittlauch, fein gehackt
1 EL Zitronensaft
2 EL Weißweinessig
4 Eier

- Den Backofen auf 200 °C vorheizen.
- Den Spargel in einer Lage auf einem großen Backblech auslegen. Mit Öl beträufeln und mit je einem Viertel Teelöffel Salz und Pfeffer würzen. 13 Minuten backen, bis der Spargel leicht gebräunt und zart ist.

- Währenddessen die Butter in einer kleinen Pfanne auf mittlerer Stufe zum Schmelzen bringen. Schnittlauchröllchen, Zitronensaft und den restlichen Viertel Teelöffel Salz unterrühren. Vom Herd nehmen und beiseitestellen.
- Einen großen Topf 5 cm hoch mit Wasser füllen, den Essig hinzufügen und das Wasser zum Sieden bringen. Ein Ei in eine Tasse aufschlagen und vorsichtig in das siedend heiße (nicht kochende) Wasser gleiten lassen. Mit den übrigen Eiern wiederholen. Drei Minuten sieden lassen, bis das Eiweiß fest, das Eigelb aber noch nicht vollständig geronnen ist. Ein Pochiereinsatz leistet dabei gute Dienste.
- Den gebackenen Spargel auf vier Teller verteilen. Die Eier einzeln mit einem Schlitzlöffel aus dem Wasser nehmen, die Unterseite des Schlitzlöffels kurz auf Küchenkrepp abtupfen, um möglichst viel Wasser zu entfernen, und das Ei dann auf den Spargel setzen. Mit der vorbereiteten Zitronen-Kräuter-Butter beträufeln. Nach Geschmack mit Pfeffer würzen.

Pro Portion: 311 Kalorien, 9 g Protein, 5 g Kohlenhydrate, 29 g Gesamtfett, 14 g gesättigte Fette, 2 g Ballaststoffe, 422 mg Natrium

Gebackene Schinkeneier

Aktive Zeit: 5 Minuten/Gesamtzeit: 25 Minuten

Für 4 Portionen

Dieses Eiergericht mit Tomaten, Parmesan und Bacon ist in gut 20 Minuten fertig.

8 Scheiben Frühstücksspeck (Bacon), ungepökelt
1 große Tomate, in 4 dicken Scheiben
1 EL Olivenöl, extra vergine
4 EL fein geriebener Parmesan
3 EL Weißweinessig
4 Eier
Meersalz
Schwarzer Pfeffer, gemahlen
1 EL Schnittlauch, gehackt (nach Belieben)

- Den Grillrost 15 cm unter dem Backofengrill einsetzen und den Grill vorheizen. Ein Backblech fetten.
- Den Bacon in einer Pfanne auf mittlerer Stufe fünf Minuten (oder bis zum gewünschten Bräunungsgrad) anbraten. Auf einem mit Küchenkrepp ausgelegten Teller abtropfen lassen.
- Die Tomatenscheiben nebeneinander auf das Backblech setzen. Mit Öl beträufeln und mit je einem Esslöffel Käse bestreuen. Vier Minuten grillen, bis sie leicht gebräunt sind. Beiseitestellen.
- Einen großen Topf 5 cm hoch mit Wasser füllen, den Essig hinzufügen und das Wasser zum Sieden bringen. Die Eier einzeln in jeweils eine kleine Tasse oder Schale aufschlagen und nacheinan-

der vorsichtig in das siedende (nicht kochende) Wasser gleiten lassen. Nach drei bis vier Minuten sind sie innen noch weich, nach fünf Minuten pflaumenweich, nach sieben Minuten hart gekocht.

- Die gegrillten Tomatenscheiben kreuzweise mit je zwei Scheiben Bacon belegen. Die fertigen Eier vorsichtig mit einem Schlitzlöffel aus dem Wasser heben, den Löffel einige Male auf ein Stück Küchenkrepp tupfen, um überschüssiges Wasser aufzusaugen. Auf die Tomaten mit dem Schinken setzen. Mit Salz und Pfeffer würzen und nach Belieben mit Schnittlauch bestreuen.

Pro Portion: 253 Kalorien, 23 g Protein, 2 g Kohlenhydrate, 20 g Gesamtfett, 8 g gesättigte Fette, 1 g Ballaststoffe, 950 mg Natrium

Ranch-Eier auf heißem Queso blanco

Aktive Zeit: 5 Minuten/Gesamtzeit: 15 Minuten

Für 4 Portionen

Spanischen Queso blanco aus Kuhmilch gibt es an guten Käsetheken. Beim Erhitzen sollte er braun und weich werden, ohne zu schmelzen oder ganz aus der Form zu geraten. Die Konsistenz ist gleichmäßiger als beim eher krümeligen Feta – wobei man dieses Rezept durchaus auch mit einem guten Feta probieren kann.

Olivenöl
250 g Queso blanco, in 4 cm dicken Scheiben
2 EL Butter
4 Eier
¼ TL Meersalz
125 ml Salsa
1 große Avocado, halbiert, entsteint und gewürfelt

- Eine Pfanne mit Olivenöl aussprühen und auf mittlerer bis hoher Stufe erhitzen. Die Käsescheiben hinzufügen und in rund zwei Minuten goldbraun braten. Wenden und eine Minute auf der anderen Seite anbräunen. Auf einem mit Küchenkrepp ausgelegten Teller abtropfen lassen.
- Auf mittlere Stufe herunterschalten. Die Butter in die Pfanne geben. Sobald sie zu zischen beginnt, die Eier nacheinander in die Pfanne aufschlagen und rund vier Minuten braten, bis das Eiweiß fest ist und die Eigelbe den gewünschten Gargrad erreicht haben. Mit Salz würzen.

- Zum Anrichten die Spiegeleier auf die Käsescheiben legen und mit Salsa und Avocado garnieren.

Pro Portion: 356 Kalorien, 19 g Protein, 5 g Kohlenhydrate, 30 g Gesamtfett, 14 g gesättigte Fette, 2 g Ballaststoffe, 682 mg Natrium

Mediterranes Rührei

Aktive Zeit: 10 Minuten/Gesamtzeit: 20 Minuten

Für 4 Portionen

Seinen vollen Geschmack entfaltet dieses gesunde Mittelmeerfrühstück mit Eiern von freilaufenden Hühnern, die besonders aromatisch sind.

4 EL Olivenöl, extra vergine
250 g Salsiccia oder ungebrühte Bratwurst, in dünnen Scheiben
1 kleine Zwiebel, fein gehackt
2 Knoblauchzehen, gehackt
1 Dose (420 g) Artischockenherzen, abgetropft und gehackt
4 EL sonnengetrocknete Tomaten, fein gehackt
40 g schwarze Oliven, entsteint, in Scheiben
8 Eier
120 g Feta, zerkrümelt

- Zwei Esslöffel Öl in einer Pfanne auf mittlerer Stufe erhitzen. Die Wurstscheiben in rund drei Minuten leicht anbräunen. Zwiebel und Knoblauch hinzufügen und unter gelegentlichem Rühren drei Minuten mitbraten, bis die Zwiebel weich und die Wurst schön braun ist.
- Das restliche Öl sowie Artischocken, Tomaten und Oliven hinzufügen. Die Eier in einer Schüssel verrühren und in die Pfanne

gießen. Vier Minuten mitgaren und dabei gelegentlich rühren, bis das Ei stockt. Vom Herd nehmen und vorsichtig den Käse unterheben.

Pro Portion: 621 Kalorien, 27 g Protein, 14 g Kohlenhydrate, 51 g Gesamtfett, 15 g gesättigte Fette, 2 g Ballaststoffe, 1467 mg Natrium

KINDER-
FREUNDLICH

Mini-Quiches Lorraines

Aktive Zeit: 5 Minuten/Gesamtzeit: 25 Minuten

Für 2 Portionen

Eine einzigartige weizenfreie »Quiche«, die das traditionelle französische Gericht variiert und dabei das typisch cremige Aroma erhält. Pancetta ist eine würzige Bauchspeckvariante aus Italien. Wer auch auf Milchprodukte verzichten muss, ersetzt die Sahne durch Kokosmilch.

Fett für die Form
60 g Pancetta, fein gewürfelt
2 EL Mandelmehl
¼ TL Backpulver, aluminiumfrei
2 Eier
80 ml Schlagsahne
2 EL Schnittlauch oder Frühlingszwiebeln (nur das Grün), fein gehackt
⅛ TL schwarzer Pfeffer, gemahlen

- Den Ofen auf 175 °C vorheizen. Eine Minimuffinform mit zwölf Mulden fetten.
- Den Pancetta in einer Pfanne auf mittlerer Stufe fünf Minuten (oder bis zum gewünschten Bräunungsgrad) anbraten.
- Währenddessen Mandelmehl und Backpulver in einer Schüssel verrühren. In einer zweiten Schüssel die Eier mit der Sahne,

dem Schnittlauch und dem Pfeffer leicht verquirlen. Die Mehlmischung unter die Eimischung rühren.

- Den Speck gleichmäßig auf die Muffinförmchen verteilen. Den Teig ebenfalls gleichmäßig auf die Muffinformen aufteilen (sie sollten fast voll sein).
- Zwölf Minuten backen, bis die Quiches aufgegangen sind und goldbraun werden. Auf einem Kuchengitter fünf Minuten abkühlen lassen, erst dann aus der Form lösen.

Pro Portion (6 Mini-Quiches): 351 Kalorien, 14 g Protein, 3 g Kohlenhydrate, 32 g Gesamtfett, 14 g gesättigte Fette, 1 g Ballaststoffe, 670 mg Natrium

Chorizo-Frittata

Aktive Zeit: 10 Minuten/Gesamtzeit: 30 Minuten

Für 8 Portionen

Mit fertiger Chorizo brauchen wir dieses Eiergericht kaum zu würzen, denn die Wurst ist würzig genug. Der gesunde Grünkohl steuert jede Menge Nährstoffe bei und liefert schon morgens eine Portion Gemüse. Eine Frittata kann man vorab zubereiten, im Kühlschrank aufbewahren und im Laufe der Woche verzehren.

2 EL Kokosöl
180 g Chorizo, gewürfelt
1 gelbe Zwiebel, gehackt
2 Knoblauchzehen, gehackt
250 g Grünkohl, frisch oder aufgetaut, gehackt
1 Handvoll sonnengetrocknete Tomaten, fein gehackt
1 Handvoll kleine Champignons, in Scheiben
10 Eier
½ TL Meersalz

- Den Ofen auf 190 °C vorheizen.
- Das Öl in einer großen, ofenfesten Pfanne auf mittlerer bis hoher Stufe erhitzen. Die Wurst mit Zwiebel und Knoblauch etwa drei Minuten anbraten, bis die Wurst kaum noch rosa ist und die Zwiebel weich wird. Auf mittlere Stufe herunterschalten. Grünkohl, die Tomaten und die Pilze unterrühren. Den Deckel aufsetzen und noch vier Minuten garen, bis die Pilze weich sind.

- In der Zwischenzeit die Eier mit dem Salz verrühren. In die Pfanne gießen und durch vorsichtiges Neigen verteilen. Zwei Minuten mitgaren, bis der Boden und die Ränder der Eimischung allmählich fest werden. In den Ofen schieben und etwa zehn Minuten backen, bis die Mitte fast vollständig gestockt ist.

Pro Portion: 247 Kalorien, 15 g Protein, 7 g Kohlenhydrate, 18 g Gesamtfett, 8 g gesättigte Fette, 1 g Ballaststoffe, 470 mg Natrium

Spargel-Krebs-Frittata

Aktive Zeit: 10 Minuten/Gesamtzeit: 30 Minuten

Für 8 Portionen

8 Eier
180 ml Schlagsahne oder Kokosmilch (Dose oder Packung)
10 Stangen grüner Spargel, schräg in 2 cm lange Stücke geschnitten
1 Dose (180 g) Krebsfleisch, abgetropft
4 EL Olivenöl, extra vergine
1 kleine gelbe Zwiebel, fein gehackt
2 Knoblauchzehen, gehackt
½ TL Meersalz

- Den Ofen auf 190 °C vorheizen.
- Die Eier in einer großen Schüssel durchschlagen. Sahne oder Kokosmilch, Spargel, Krebsfleisch und zwei Esslöffel Öl hinzugeben und gut unterrühren. Beiseitestellen.
- Das restliche Öl in einer großen, ofenfesten Pfanne auf mittlerer Stufe erhitzen. Zwiebel und Knoblauch drei Minuten darin anbraten, bis die Zwiebel weich und braun ist. Mit Salz bestreuen. Die vorbereitete Eimasse in die Pfanne gießen und unterrühren. Drei Minuten garen, bis die Ränder langsam fest werden. In den Ofen schieben und zehn Minuten backen, bis ein in der Mitte eingestochener Zahnstocher sauber wieder herauskommt.

Pro Portion: 234 Kalorien, 10 g Protein, 3 g Kohlenhydrate, 20 g Gesamtfett, 8 g gesättigte Fette, 1 g Ballaststoffe, 290 mg Natrium

KINDER-
FREUNDLICH

Gebackene Eiermuffins

Aktive Zeit: 5 Minuten/Gesamtzeit: 25 Minuten

Für 4 Portionen

Ein Schlemmerfrühstück aus dem Ofen mit gekochtem Schinken, Käse und Eiern. Dazu passt ein getoastetes Stück Sandwichbrot (siehe Seite 41) mit Butter.

Olivenöl
8 kleine Scheiben gekochter Schinken (240 g)
60 g kräftiger Hartkäse, gerieben (Emmentaler, Cheddar)
8 Eier
2 EL Schnittlauch oder Frühlingszwiebeln (nur das Grün), fein gehackt

- Den Ofen auf 175 °C vorheizen. Acht Muffinformen mit Öl aussprühen und mit jeweils einer Scheibe Schinken auskleiden. Je einen Esslöffel Käse in jede Form geben. Dann vorsichtig je ein Ei in die Formen aufschlagen.
- 15 Minuten backen, bis das Eiweiß fest, das Eigelb aber noch weich ist. Nach Geschmack mit Schnittlauch bestreuen. Vor dem Entnehmen noch fünf Minuten in der Form abkühlen lassen.

Pro Portion: 247 Kalorien, 22 g Protein, 1 g Kohlenhydrate, 16 g Gesamtfett, 7 g gesättigte Fette, 0 g Ballaststoffe, 499 mg Natrium

Krabbenküchlein

Aktive Zeit: 5 Minuten/Gesamtzeit: 15 Minuten

Für 4 Portionen

Diese einfachen Krabbenküchlein sind eine leckere Ergänzung zu Spiegeleiern und liefern wichtige Nährstoffe aus dem Meer. Statt italienischer Kräuter passen auch je ein halber Teelöffel getrockneter Oregano und getrocknetes Basilikum.

1 Dose (180 g) Krebsfleisch, abgetropft
4 EL gemahlener gelber Leinsamen
1 TL italienische Kräuter (siehe Seite 82)
5 Eier
2 TL Olivenöl, extra vergine
½ TL Meersalz
2 EL Butter

- Den Ofen auf 190 °C vorheizen.
- Krabbenfleisch, Leinsamen und Kräuter in einer Schüssel mischen. Ein Ei, das Öl und Salz unterrühren.
- Vier kleine, flache Frikadellen formen und auf ein Backblech legen. Zehn Minuten backen, bis die Frikadellen vollständig gegart und leicht fest sind.
- In der Zwischenzeit in einer großen Pfanne auf mittlerer bis hoher Stufe die Butter zerlassen. Die restlichen vier Eier nacheinander in die Pfanne aufschlagen und zwei Minuten garen, bis das Eiweiß zu stocken beginnt. Wenden und zwei Minuten weiterbacken, bis das Eiweiß ganz fest ist.

- Je ein Krabbenküchlein auf einen Teller legen und ein Ei darauf setzen.

Pro Portion: 228 Kalorien, 17 g Protein, 3 g Kohlenhydrate, 17 g Gesamtfett, 6 g gesättigte Fette, 2 g Ballaststoffe, 504 mg Natrium

KINDER-
FREUNDLICH

Pekan-Kürbis-Fladen

Aktive Zeit: 5 Minuten/Gesamtzeit: 25 Minuten

Für 8 Stück

Zu diesen duftenden, lockeren Frühstücksfladen passen Schlagsahne oder zuckerfreie Beerenkonfitüre, aber auch ein wenig Schinken oder Wurst.

1 TL gemahlener Zimt
½ TL gemahlener Muskat
30 g Walnüsse oder Pekannüsse, fein gehackt
Süßungsmittel entsprechend 4 EL Zucker
1 TL Natron
250 g Mandelbutter, zerlassen
250 g Kürbisfleisch (Hokkaido), püriert
1 TL Vanillearoma
2 Eier

- Den Ofen auf 175 °C vorheizen. Ein Backblech mit Backpapier auslegen.
- Zimt, Muskat, gehackte Nüsse, Süßungsmittel und Natron in einer großen Schüssel gründlich mischen. Die zerlassene Mandelbutter, das Kürbispüree und die Vanille unterrühren.
- Die Eier in einer separaten Schüssel durchschlagen und dann ebenfalls unterrühren.

- Pro Fladen eine große Kelle (etwa 80 ml) Teig auf das Backblech setzen. Zwölf Minuten backen, bis die Oberfläche fest wird und ein in der Mitte eingestochener Zahnstocher sauber wieder herauskommt.

Pro Portion (1 Fladen): 246 Kalorien, 9 g Protein, 9 g Kohlenhydrate, 21 g Gesamtfett, 3 g gesättigte Fette, 5 g Ballaststoffe, 248 mg Natrium

KINDER-
FREUNDLICH

Ingwer-Frühstückskuchen

Aktive Zeit: 5 Minuten/Gesamtzeit: 25 Minuten

Für 6 Stück

Der Geschmack erinnert an Lebkuchen und erfreut damit große und kleine Kinder, besonders in der Advents- und Weihnachtszeit. Und ohne Weizen oder Zucker ist nährstofftechnisch nichts daran auszusetzen.

Nach Belieben mit Frischkäse, Butter oder Chia-Pflaumensauce (siehe Seite 77) bestreichen.

250 g Allzweckmehl (siehe Seite 40)
1 TL Backpulver, aluminiumfrei
1 TL gemahlener Ingwer
¾ TL gemahlener Zimt
¼ TL gemahlener Muskat
¼ TL gemahlene Nelken
Süßungsmittel entsprechend 100 g Zucker
1 TL Zitronensaft
1 EL zuckerfreier Sirup
1 Ei, verrührt

- Den Ofen auf 175 °C vorheizen. Ein Backblech mit Backpapier auslegen.
- Alle trockenen Zutaten in einer Schüssel gründlich mischen.

- Zitronensaft und vier Esslöffel warmes Wasser in einer separaten Schüssel verrühren. In die trockenen Zutaten gießen, den Sirup hinzufügen und durchrühren. Eine Minute ruhen lassen, dann das Ei unterziehen.
- Den Teig in sechs Häufchen auf das Backblech setzen und flach drücken (etwa 2 cm dick). 15 Minuten backen, bis ein in der Mitte eingestochener Zahnstocher sauber wieder herauskommt.

Pro Portion (1 Küchlein): 236 Kalorien, 9 g Protein, 13 g Kohlenhydrate, 18 g Gesamtfett, 2 g gesättigte Fette, 6 g Ballaststoffe, 270 mg Natrium

KINDER-
FREUNDLICH

Mini-Pfannkuchen

Aktive Zeit: 5 Minuten/Gesamtzeit: 30 Minuten

Für 24 Stück

Leicht gesüßte Pfannkuchen, die Kinder nach Belieben mit Apfelmus, Sirup oder Honig weiter verfeinern können.

Da der weizenfreie Teig auf Mandelmehl- und Kokosmehlbasis nicht so stabil ist wie gewohnt, sollten die Pfannkuchen klein ausfallen. Backen Sie mehrere Küchlein von sieben bis acht cm Durchmesser parallel.

4 EL Mandelmehl
4 EL Kokosmehl
1 TL Natron
Süßungsmittel entsprechend 1 EL Zucker
4 EL Walnüsse oder Pekannüsse, fein gehackt
½ TL gemahlener Zimt
3 Eier
8 EL Apfelmus, zuckerfrei
2 EL Butter oder Kokosöl, geschmolzen, oder sehr mildes Olivenöl (extra-light)

- Alle trockenen Zutaten in einer großen Schüssel verrühren.
- Eier, Apfelmus, fünf Esslöffel Wasser und Butter oder Öl in einer separaten Schüssel ebenfalls gründlich verrühren. In die

Mehlmischung gießen und durchschlagen, bis alles gerade eben verbunden ist.

- Eine große Pfanne leicht fetten und auf kleiner bis mittlerer Stufe erhitzen. Pro Pfannkuchen einen Esslöffel Teig in die Pfanne geben. Zwei Minuten backen, bis sich Bläschen bilden und die Ränder fest werden und anbräunen. Vorsichtig wenden und in zwei weiteren Minuten goldbraun backen. Mit dem restlichen Teig wiederholen.

Pro Portion (6 Pfannkuchen): 236 Kalorien, 8 g Protein, 10 g Kohlenhydrate, 19 g Gesamtfett, 6,5 g gesättigte Fette, 4 g Ballaststoffe, 438 mg Natrium

KINDER-
FREUNDLICH

Frühstückskäsekuchen

Aktive Zeit: 5 Minuten/Gesamtzeit: 30 Minuten + Zeit zum Abkühlen

Für 8 Portionen

Käsekuchen zum Frühstück – doch, das ist mein Ernst! Vorab zubereitet, liefert dieser einfache, leichte Käsekuchen Schwung für einen aktiven Tag. Durch den verwendeten Ricotta ist die Konsistenz weniger schwer als bei normalem Käsekuchen. Natürlich kann man auch gern ein Stück zum Dessert anbieten.

Nach Belieben mit Erdbeerglasur (siehe Seite 349) oder Chia-Pflaumensauce (siehe Seite 77) bestreichen.

Fett für die Form
120 g zimmerwarmer Ricotta
60 g Kokosmehl
Süßungsmittel entsprechend 150 g Zucker
4 TL Zitronensaft
4 Eier, getrennt
1 TL Vanillearoma

- Den Ofen auf 180 °C vorheizen. Eine Auflaufform von 20 × 20 cm fetten.
- Ricotta, Kokosmehl, Süßungsmittel, Zitronensaft, die Eigelbe und die Vanille in eine Schüssel geben.
- In einer zweiten Schüssel das Eiweiß mit dem Elektromixer auf höchster Stufe steif schlagen. Jetzt mit denselben Rührbesen die

Käsemischung gleichmäßig verrühren. Den Eischnee löffelweise vorsichtig unter die Käsemischung ziehen, bis ein Teig entstanden ist.

- Alles in die Auflaufform gießen. 20 Minuten backen, bis die Ränder zu bräunen beginnen und ein in der Mitte eingestochener Zahnstocher sauber wieder herauskommt.
- Vor dem Verzehr etwas abkühlen lassen.

Pro Portion: 122 Kalorien, 8 g Protein, 5 g Kohlenhydrate, 7 g Gesamtfett, 4,5 g gesättigte Fette, 3 g Ballaststoffe, 77 mg Natrium

KINDER-
FREUNDLICH

Frühstückskekse

Aktive Zeit: 5 Minuten/Gesamtzeit: 25 Minuten
+ Zeit zum Abkühlen

Für 12 große Kekse

Besonders Kinder werden von diesen Frühstückskeksen begeistert sein, obwohl alle ungesunden Zutaten durch gesunde ersetzt wurden. Nüsse, Kokos, Eier und Äpfel sorgen für einen gelungenen Start in den Tag. Die getrockneten Äpfel liefern eine gewisse natürliche Süße, haben aber nicht ganz so viel Zucker wie andere Trockenfrüchte, zum Beispiel Rosinen oder Datteln.

150 g Allzweckmehl (siehe Seite 40)
1 TL gemahlener Zimt
¼ TL Meersalz
Süßungsmittel entsprechend 100 g Zucker
60 g Kokosflocken
65 g Walnüsse, gehackt
1 Handvoll getrocknete Äpfel, gehackt
125 g Vollmilchjoghurt, natur
2 EL Butter, zerlassen
1 Ei
1 TL Vanillearoma

- Den Ofen auf 175 °C vorheizen. Ein Backblech mit Backpapier auslegen.
- Allzweckmehl, Zimt, Salz, Süßungsmittel, Kokosflocken, Walnüsse und getrocknete Äpfel in einer Schüssel verrühren.
- Joghurt und Butter in einer zweiten Schüssel gut mischen. Das Ei und die Vanille hinzufügen und gründlich unterrühren. Die Eimasse zur Grundmischung geben und verrühren, bis der Teig zäh wird.
- Aus dem Teig zwölf Portionen bilden (je drei Esslöffel) und diese in gleichmäßigem Abstand auf das Backblech setzen. Die Teigstücke mit feuchten Händen oder einem großen Löffel auf etwa 1 cm flach drücken.
- Die Kekse in 13 Minuten goldbraun backen. Sie sind dann noch relativ weich.
- Etwas abkühlen und auf einem Kuchengitter vollständig auskühlen lassen.

Pro Portion (1 Keks): 204 Kalorien, 7 g Protein, 10 g Kohlenhydrate, 17 g Gesamtfett, 4,5 g gesättigte Fette, 4 g Ballaststoffe, 160 mg Natrium

KINDER-
FREUNDLICH

Zimt-Pekan-Scones

Aktive Zeit: 10 Minuten/Gesamtzeit: 25 Minuten + Zeit zum Abkühlen

Für 8 Scones

Einmal backen und die ganze Woche ein schnelles, nahrhaftes Frühstück parat haben! Wer mag, bestreicht die Scones mit etwas Chia-Pflaumensauce (siehe Seite 77).

250 g Allzweckmehl (siehe Seite 40)
3 EL Kokosmehl
½ TL Meersalz
1 ½ TL gemahlener Zimt
4 EL Kokosfett, geraspelt
Süßungsmittel entsprechend 4 EL Zucker
4 EL Pekannüsse, gehackt
4 EL Buttermilch oder Kokosmilch
1 Ei

- Den Ofen auf 175 °C vorheizen. Ein Backblech mit Backpapier auslegen.
- Das Allzweckmehl in einer großen Schüssel mit Kokosmehl, Salz und Zimt verrühren. Das Kokosfett geraspelt in die Mehlmischung geben und unterarbeiten, bis die Mischung feuchtem Sand gleicht. Süßungsmittel, Pekannüsse, Buttermilch oder Kokosmilch und das Ei kurz unterrühren, bis sich ein dicker, steifer Teig bildet.
- Den Teig in acht gleich großen Portionen mit je 5 cm Abstand auf das Backblech setzen. Mit den Händen oder einem großen Löffel auf 1 cm Dicke flach drücken. 13 Minuten backen, bis die Ränder zu bräunen beginnen.
- Auf einem Kuchengitter fünf Minuten abkühlen lassen.

Pro Portion (1 Scone): 265 Kalorien, 8 g Protein, 10 g Kohlenhydrate, 24 g Gesamtfett, 8 g gesättigte Fette, 6 g Ballaststoffe, 258 mg Natrium

Frühstückskekse mit Pesto

Aktive Zeit: 5 Minuten/Gesamtzeit: 25 Minuten

Für 4 Kekse

Diese Kekse passen gut zu Rührei oder Spiegelei und runden mit Olivenöl, Nüssen und Käse das Frühstück ab. Zur Not kann man auch gekauftes Pesto verwenden.

125 g Allzweckmehl (siehe Seite 40)
60 g Kokosmehl
2 EL gemahlener gelber Leinsamen
1 TL Backpulver, aluminiumfrei
2 EL geriebener Parmesan
1 EL Essig
1 Ei
2 bis 4 EL Basilikum-Pesto (siehe Seite 55)

- Den Ofen auf 180 °C vorheizen. Ein Backblech mit Backpapier auslegen.
- Das Allzweckmehl in einer großen Schüssel mit Kokosmehl, Leinsamen, Backpulver und Käse verrühren. Vier Esslöffel Wasser und den Essig unterziehen und eine Minute quellen lassen.
- Das Ei und das Pesto gründlich unterrühren. Der Teig ist relativ zäh. Vier Portionen auf ein Backblech setzen, 2 cm dick. 15 Minuten backen, bis der Teig nicht mehr nachgibt.

Pro Portion (1 Keks): 305 Kalorien, 12 g Protein, 17 g Kohlenhydrate, 23 g Gesamtfett, 5 g gesättigte Fette, 11 g Ballaststoffe, 369 mg Natrium

KINDER-
FREUNDLICH

Kräuterkekse mit Salsiccia-Sauce

Aktive Zeit: 10 Minuten/Gesamtzeit: 30 Minuten

Für 10 Portionen

Kekse mit Salsiccia-Sauce gehören zur amerikanischen Standardküche; wir kennen und lieben sie von Kindesbeinen an. Hier kommt dieses typische Frühstücks- und Feiertagsessen mit einer köstlichen Sauce daher, die über die noch heißen Kekse gegossen wird. Ohne Weizen und andere ungesunde Zutaten (wie Maisstärke) dürften Blutzucker und Insulin unbeeindruckt bleiben, und niemand büßt mit Gelenkschmerzen, Ödemen, Sodbrennen, »Mattscheibe« oder Schuppen.

Die Sauce ist auch für Milchallergiker geeignet, die Kekse jedoch nicht, denn sie enthalten Käse und Butter. Für milchfreie Kekse lassen Sie den Käse weg und ersetzen die Butter durch Kokosöl, mildes Olivenöl (extra-light) oder Walnussöl.

Kekse:

115 g kräftiger Hartkäse, geraspelt (Emmentaler, Cheddar)
250 g Allzweckmehl (siehe Seite 40)
1 TL getrocknetes Basilikum
1 TL getrockneter Rosmarin, zerdrückt
¾ TL Natron
½ TL Meersalz
2 Eier
125 ml Butter oder Kokosöl, zerlassen, oder sehr mildes Olivenöl (extra-light)

Sauce:

2 EL Olivenöl, extra vergine
450 g Mett, gewürztes Hackfleisch oder weizenfreies Wurstbrät
430 ml Rinderbrühe
4 EL Kokosmehl
4 EL Kokosmilch
½ TL Zwiebelpulver
½ TL Knoblauchpulver
½ TL Meersalz

- Den Ofen auf 180 °C vorheizen. Ein Backblech mit Backpapier auslegen.
- **Für die Kekse:** Den Käse feinkörnig hacken (zum Beispiel in der Küchenmaschine). In eine große Schüssel füllen und Allzweckmehl, Basilikum, Rosmarin, Natron und Salz hinzufügen. Gründlich vermengen. Eier und Butter oder Öl hinzufügen und gründlich verrühren, so dass ein zäher Teig entsteht.
- Den Teig in zehn Portionen auf ein Backblech setzen, je 10 cm Durchmesser. Zehn Minuten backen, bis ein in der Mitte eingestochener Zahnstocher sauber wieder herauskommt.
- **Für die Sauce:** In der Zwischenzeit das Öl für die Sauce in einer großen Pfanne auf mittlerer Stufe erhitzen. Das Mett unter häufigem Wenden in etwa acht Minuten vollständig durchbraten. Auf einem Teller beiseitestellen.
- Die Pfanne wieder auf den Herd stellen und auf mittlerer bis hoher Stufe erhitzen. Die Brühe darin erhitzen, bis sie fast kocht. Auf kleine bis mittlere Stufe herunterschalten. Das Kokosmehl fünf Minuten lang teelöffelweise unterrühren, bis die Sauce die gewünschte Dicke erreicht, dann die Kokosmilch unterrühren und mit Zwiebelpulver, Knoblauchpulver und Meersalz abschmecken. Das zuvor angebratene Mett wieder in die Pfanne geben und auf kleiner Stufe fünf Minuten erhitzen. Eventuell nachsalzen.
- Die heiße Sauce über die frisch gebackenen Kekse schöpfen.

Pro Portion: 457 Kalorien, 17 g Protein, 8 g Kohlenhydrate, 41 g Gesamtfett, 15 g gesättigte Fette, 5 g Ballaststoffe, 976 mg Natrium

KINDER-
FREUNDLICH

Erdbeer-Kokos-Kekse

Aktive Zeit: 10 Minuten/Gesamtzeit: 30 Minuten

Für 20 Kekse

Zugegeben, hier wird die Zeitvorgabe leicht überschritten, aber der Aufwand lohnt sich. Diese Kekse sind außerordentlich schmackhaft und kommen mit einer streuselartigen Oberfläche daher.

4 EL gemahlener gelber Leinsamen
125 g Kokosmehl
50 g Kokosraspel
Süßungsmittel entsprechend 2 EL Zucker
1 TL Natron
¼ TL Meersalz
110 g Erdbeeren, fein gehackt
125 ml Kokosöl, zerlassen
1 Ei

- Den Ofen auf 180 °C vorheizen. Ein Backblech mit Backpapier auslegen.
- Leinsamen und 180 Milliliter kaltes Wasser in einer Tasse verrühren. Fünf Minuten ins Tiefkühlfach stellen.
- In der Zwischenzeit Kokosmehl, Kokosraspel, Süßungsmittel, Natron, Salz und Erdbeeren gut verrühren. Das Öl sorgfältig unterziehen.

- Die Leinsamenmischung aus dem Tiefkühlfach holen und mit dem Ei verrühren. Unter den Teig ziehen. Der Teig ist relativ zäh. In 20 gleich großen Portionen auf das Backblech setzen. 17 Minuten backen, bis ein in der Mitte eingestochener Zahnstocher sauber wieder herauskommt.

Pro Portion (1 Keks): 101 Kalorien, 2 g Protein, 5 g Kohlenhydrate, 9 g Gesamtfett, 7 g gesättigte Fette, 3 g Ballaststoffe, 99 mg Natrium

KINDER-
FREUNDLICH

Erdnussparfaits mit Erdbeeren

Aktive Zeit: 10 Minuten/Gesamtzeit: 10 Minuten

Für 4 Portionen

Ein klassisch amerikanisches Erdnussbuttersandwich mit Erdbeermarmelade in weizenfreier Version. In verschließbaren Boxen eignen sich die Parfaits gut zum Mitnehmen.

500 g Vollmilchjoghurt, natur
4 EL Erdnussbutter, naturbelassen
4 EL Schlagsahne
Süßungsmittel entsprechend 4 EL Zucker
1 TL Vanillearoma
2 EL gemahlener gelber Leinsamen
150 g Erdbeeren, in Scheiben
4 EL leicht gesalzene, geröstete Erdnüsse, gehackt

- Joghurt und Erdnussbutter in einer Schüssel verrühren. Sahne, Süßungsmittel, Vanille und Leinsamen hinzufügen und gründlich unterarbeiten. Die Hälfte der Mischung auf vier Dessertschalen oder Parfaitgläser verteilen und die Hälfte der Erdbeeren darauf geben. Den restlichen Joghurt auf die vier Schalen verteilen. Mit den restlichen Erdbeeren und den Erdnüssen dekorieren.

Pro Portion: 301 Kalorien, 18 g Protein, 15 g Kohlenhydrate, 19 g Gesamtfett, 5 g gesättigte Fette, 4 g Ballaststoffe, 127 mg Natrium

Kefir-Smoothies

Jedes Rezept ergibt eine Portion à 325 Milliliter. Natürlich lassen sich alle Rezepte problemlos verdoppeln oder verdreifachen. Im Kühlschrank sind die Smoothies mehrere Tage haltbar.

Aktive Zeit: 5 Minuten/Gesamtzeit: 5 Minuten

KINDER-FREUNDLICH

Piña Colada-Smoothie

Für 1 Portion

Ein gesundes Frühstück oder eine Zwischenmahlzeit mit Südseefeeling. Wer mag, kann zusätzlich ein paar fein gehackte Kürbiskerne, Sonnenblumenkerne oder trocken geröstete Pistazien unterrühren.

180 g Kefir oder Vollmilchjogurt, natur
2 EL ungesüßte Ananas, zerdrückt
3 EL Kokosraspel
Süßungsmittel (nach Belieben)

- Alle Zutaten in ein großes Glas (oder in den Mixer) geben. Gut verrühren.

Pro Portion: 247 Kalorien, 8 g Protein, 16 g Kohlenhydrate, 17 g Gesamtfett, 13 g gesättigte Fette, 3 g Ballaststoffe, 90 mg Natrium

KINDER-
FREUNDLICH

Heidelbeer-Käse-Fruchtbecher

Aktive Zeit: 10 Minuten/Gesamtzeit: 10 Minuten

Für 4 Portionen

Da geht keiner mehr hungrig aus dem Haus!

250 ml Schlagsahne
240 g Frischkäse oder abgetropfter Quark
Süßungsmittel entsprechend 70 g Zucker
½ TL Zitronenaroma
125 g Vollmilchjoghurt, natur
160 g Heidelbeeren
65 g Walnüsse, gehackt

- Die Sahne in einer kalten Schüssel steif schlagen. Beiseitestellen.
- In einer zweiten Schüssel mit denselben Rührbesen den Frischkäse eine Minute cremig schlagen. Süßungsmittel, Zitronenaroma und Joghurt hinzufügen und eine Minute unterrühren. Vorsichtig die Schlagsahne unterziehen, bis alles gut verbunden ist. Die Heidelbeeren und die Walnüsse unterheben.
- Gleichmäßig auf vier Dessertgläser verteilen. Sofort verzehren oder kalt stellen (dann wird das Dessert fest).

Pro Portion: 531 Kalorien, 12 g Protein, 12 g Kohlenhydrate, 51 g Gesamtfett, 25 g gesättigte Fette, 2 g Ballaststoffe, 200 mg Natrium

KINDER-
FREUNDLICH

Apfelkuchen-Smoothie

Für 1 Portion

Das feine Aroma eines frischen Stücks Apfelkuchen macht diesen Smoothie zu einem gelungenen Frühstück. Er eignet sich aber auch als Sauce zu Vanilleeis oder einfach als Dessert.

180 g Kefir oder Vollmilchjoghurt, natur
2 EL Apfel, fein gehackt
Süßungsmittel entsprechend 2 EL Zucker
¼ TL gemahlener Zimt
¼ TL gemahlener Muskat

- Alle Zutaten in ein großes Glas (oder in den Mixer) geben. Gut umrühren.

Pro Portion: 162 Kalorien, 9 g Protein, 14 g Kohlenhydrate, 8 g Gesamtfett, 5 g gesättigte Fette, 1 g Ballaststoffe, 113 mg Natrium

KINDER-
FREUNDLICH

Schoko-Kokos-Smoothie

Für 1 Portion

Wer Schokolade pur bevorzugt, lässt die Kokosraspel einfach weg. Der Minzeextrakt ist das gewisse Extra. Besonders ansprechend wirkt der Smoothie mit geraspelter Bitterschokolade.

180 g Kefir oder Vollmilchjoghurt, natur
2 EL Kokosraspel
2 TL ungesüßtes Kakaopulver
Süßungsmittel entsprechend 2 EL Zucker
3 Tropfen natürlicher Pfefferminzextrakt (nach Belieben)

- Alle Zutaten in ein großes Glas (oder in den Mixer) geben. Gut umrühren.

Pro Portion: 238 Kalorien, 10 g Protein, 16 g Kohlenhydrate, 16 g Gesamtfett, 11 g gesättigte Fette, 3 g Ballaststoffe, 117 mg Natrium

Schnelle Muffins

Die nachfolgenden Rezepte sind für eine Portion gedacht, die in einem Souffléförmchen oder einer Tasse gegart wird. Dank der Zubereitung in der Mikrowelle dauert die Herstellung nur fünf Minuten – perfekt für Langschläfer, die auf die Schnelle ein gesundes Frühstück möchten. Natürlich können Sie die Muffins auch im Backofen zubereiten: Auf 190 °C vorheizen und 25 Minuten backen, bis ein in der Mitte eingestochener Zahnstocher sauber wieder herauskommt. Den Teig bitte vor dem Garen abschmecken, um die gewünschte Süße abzuschätzen.

KINDER-
FREUNDLICH

Bratapfelmuffin

Aktive Zeit: 5 Minuten/Gesamtzeit: 10 Minuten

Für 1 Muffin

Noch weihnachtlicher schmeckt der Muffin mit ⅛ Teelöffel Nelken, fein gehackten Äpfeln und etwas mehr Apfelmus.

60 g Allzweckmehl (siehe Seite 40)
¼ TL gemahlener Zimt
⅛ TL gemahlener Muskat
Süßungsmittel entsprechend 1 EL Zucker
1 Prise Meersalz
1 Ei
2 EL ungesüßtes Apfelmus
1 EL Butter, zerlassen

- Das Allzweckmehl mit Zimt, Muskat, Süßungsmittel und Salz mischen. Das Ei unterrühren. Apfelmus und Butter unterschlagen. In eine große Tasse oder eine Backform mit 0,3 Liter Inhalt füllen.
- Auf hoher Stufe zwei Minuten in der Mikrowelle garen, bis ein in der Mitte eingestochener Zahnstocher sauber herauskommt.
- In der Form fünf Minuten abkühlen lassen.

Pro Muffin: 506 Kalorien, 19 g Protein, 19 g Kohlenhydrate, 43 g Gesamtfett, 11 g gesättigte Fette, 10 g Ballaststoffe, 644 mg Natrium

KINDER-
FREUNDLICH

Schneller Beerenmuffin

Aktive Zeit: 5 Minuten/Gesamtzeit: 10 Minuten

Für 1 Muffin

Dank wertvoller Proteine und Fette rundum gesund und trotzdem blitzschnell fertig. Noch mehr zu beißen liefern die Muffins mit ein paar trocken gerösteten (ungesalzenen!), gehackten Pistazien, Cashewkernen, Walnüssen oder Pekannüssen.

60 g Allzweckmehl
(siehe Seite 40)
¼ TL gemahlener Zimt
Süßungsmittel entsprechend 1 EL Zucker
1 Prise Meersalz
1 Ei
2 EL Milch
1 EL Butter, zerlassen
40 g (4 EL) frische oder tiefgefrorene gemischte Beeren

- Das Allzweckmehl mit Zimt, Süßungsmittel und Salz mischen. Das Ei unterrühren. Milch, Butter und Beeren hinzufügen und gründlich unterschlagen. Mit einem Teigschaber in eine große Tasse oder eine kleine Backform mit 0,3 Liter Inhalt füllen.
- Auf hoher Stufe zwei Minuten in der Mikrowelle garen, bis ein in der Mitte eingestochener Zahnstocher sauber wieder heraus-

kommt. (Bei der Verwendung frischer Beeren nur eineinhalb Minuten garen.)

- In der Form fünf Minuten abkühlen lassen.

Pro Muffin: 526 Kalorien, 20 g Protein, 21 g Kohlenhydrate, 44 g Gesamtfett, 11 g gesättigte Fette, 11 g Ballaststoffe, 558 mg Natrium

KINDER-
FREUNDLICH

Kokos-Schoko-Muffin

Aktive Zeit: 5 Minuten/Gesamtzeit: 10 Minuten

Für 1 Muffin

Kinder wünschen sich mitunter einen intensiveren Geschmack, der allerdings auch mehr Kalorien liefert. Dann können Sie vor dem Backen einen Esslöffel Bitterschokolade-Chips hinzugeben oder hinterher dunkle Schokolade über den Muffin raspeln.

60 g Allzweckmehl
(siehe Seite 40)
2 TL ungesüßtes Kakaopulver
1 EL Kokosraspel
¼ TL gemahlener Zimt
Süßungsmittel entsprechend 2 EL Zucker
1 Prise Meersalz
1 Ei
2 EL Milch
1 EL Butter, zerlassen

- Das Allzweckmehl mit Kakao, Kokosraspel, Zimt, Süßungsmittel und Salz mischen. Das Ei unterrühren. Milch und Butter hinzufügen und gründlich unterschlagen. Mit einem Teigschaber in eine große Tasse oder eine kleine Backform mit 0,3 Liter Inhalt füllen.

- Auf hoher Stufe zwei Minuten in der Mikrowelle garen, bis ein in der Mitte eingestochener Zahnstocher sauber wieder herauskommt.
- In der Form fünf Minuten abkühlen lassen.

Pro Muffin: 554 Kalorien, 20 g Protein, 19 g Kohlenhydrate, 48 g Gesamtfett, 14 g gesättigte Fette, 11 g Ballaststoffe, 553 mg Natrium

Frühstücksnüsse

Aktive Zeit: 10 Minuten/Gesamtzeit: 25 Minuten + Zeit zum Abkühlen

Für rund 1750 g

Sie sehnen sich nach wie vor nach einem Frühstücksmüsli? Diese Variante ist absolut getreidefrei. Die Frühstücksnüsse schmecken mit heißer oder kalter Kokos-, Mandel- oder Kuhmilch. Pro Portion können Sie ein paar Esslöffel frische oder getrocknete, ungesüßte Beeren oder Granatapfelkerne untermischen.

Wenn Kinder nach mehr Süße verlangen, können Sie etwas Stevia oder ein anderes Süßungsmittel verwenden. Mit Rosinen erübrigt sich das Nachsüßen jedoch meistens.

4 EL Rosinen

125 ml Kokosmilch

2 EL Kokosöl, geschmolzen

1 TL Vanillearoma

½ TL Mandelaroma

400 g Sonnenblumenkerne

600 g Kürbiskerne

225 g Pekannüsse, gehackt

85 g gehobelte Mandeln

200 g Kokosraspel

- Den Ofen auf 175 °C vorheizen.
- Die Rosinen in der Küchenmaschine zu einer Paste verarbeiten. In eine kleine Schüssel umfüllen und Kokosmilch und Öl hinzufügen. Gründlich vermengen. Vanille- und Mandelaroma hinzufügen und unterrühren. Beiseitestellen.
- Sonnenblumenkerne, Kürbiskerne, Pekannüsse, Mandeln und Kokosraspel in einer großen Schüssel vermischen. Die Rosinenmischung gründlich unterrühren.
- Alles auf einem Backblech ausbreiten und 15 Minuten backen, dabei einmal wenden. Das Müsli soll leicht gebräunt sein.
- Aus dem Ofen nehmen und abkühlen lassen.

Pro Portion (125 g): 329 Kalorien, 9 g Protein, 11 g Kohlenhydrate, 28 g Gesamtfett, 11 g gesättigte Fette, 4 g Ballaststoffe, 7 mg Natrium

Kleine Gerichte und Beilagen

KINDER-
FREUNDLICH

Tomatensuppe mit Fenchel

Aktive Zeit: 5 Minuten/Gesamtzeit: 25 Minuten

Für 4 Portionen

Eine einfache Suppe, die kaum Vorbereitung benötigt. Alternativ kann man auch zu Beginn Hühner- oder Schweinefleisch anbraten und in der Suppe mitgaren.

4 EL Olivenöl, extra vergine
1 große gelbe Zwiebel, in dünnen Ringen
1 Fenchelknolle, halbiert und in dünnen Scheiben
2 Knoblauchzehen, gehackt
625 ml Hühnerbrühe
1 große Dose Tomaten (400 g), gewürfelt
½ TL Meersalz

- Das Öl in einer großen Pfanne auf mittlerer Stufe erhitzen. Zwiebel, Fenchel und Knoblauch darin zehn Minuten schön weich braten. (Die Hitze bei Bedarf herunterschalten, damit das Gemüse nicht zu stark anbräunt.)
- Brühe, Tomaten (mit Saft) und Salz hinzufügen und aufkochen. Die Hitze herunterschalten, Deckel aufsetzen und zehn Minuten leicht kochen lassen.

Pro Portion: 200 Kalorien, 5 g Protein, 14 g Kohlenhydrate, 14 g Gesamtfett, 2 g gesättigte Fette, 3 g Ballaststoffe, 727 mg Natrium

Champignoncremesuppe mit Schnittlauch

Aktive Zeit: 10 Minuten/Gesamtzeit: 30 Minuten

Für 8 Portionen

Ohne Weizen und Milchprodukte macht diese cremige Pilzsuppe angenehm satt oder ergibt eine feine Vorspeise zu Fleischgerichten. Wer mit Milch keine Probleme hat, kann statt Olivenöl gern Butter verwenden und die Kokosmilch durch Sahne, Kondensmilch oder Vollmilch ersetzen.

2 EL Olivenöl, extra vergine

1 gelbe Zwiebel, fein gehackt

2 Knoblauchzehen, gehackt

500 g kleine, feste Champignons, weiß oder braun, grob gehackt

1 TL Meersalz

½ TL schwarzer Pfeffer, gemahlen

750 ml Hühnerbrühe

1 Dose Kokosmilch (400 ml)

2 EL frischer Schnittlauch, gehackt

- Das Öl in einer großen Pfanne auf mittlerer Stufe erhitzen. Die Zwiebel darin etwa drei Minuten weich braten. Den Knoblauch hinzufügen und noch eine Minute garen. Pilze, Salz und Pfeffer hineingeben. Die Hitze herunterschalten, Deckel aufsetzen und fünf Minuten auf mittlerer Stufe garen, bis die Pilze weich sind.
- Die Hühnerbrühe und die Kokosmilch unterrühren, leicht zum Kochen bringen und drei Minuten sieden lassen.
- In den Mixer umfüllen (eventuell portionsweise) und gleichmäßig pürieren. Zum Anrichten mit Schnittlauchröllchen bestreuen.

Pro Portion: 181 Kalorien, 5 g Protein, 8 g Kohlenhydrate, 15 g Gesamtfett, 10 g gesättigte Fette, 2 g Ballaststoffe, 338 mg Natrium

Blumenkohlcremesuppe mit Curry

Aktive Zeit: 5 Minuten/Gesamtzeit: 30 Minuten

Für 4 Portionen

Dauert eventuell etwas länger als 30 Minuten, doch es lohnt sich: Wie die meisten weizenfreien Gerichte macht auch diese Suppe erstaunlich gut satt. Die dicke, würzige Blumenkohlcreme wärmt innerlich und ergibt eine vollständige Mahlzeit. Wer mag, kann ein kleines Sandwich, Kekse oder einen grünen Salat dazu reichen.

2 EL Olivenöl, extra vergine
1 große Zwiebel, halbiert und in Ringen
1 großer Blumenkohl, gehackt
2 EL Currypulver
1 TL gemahlener Kreuzkümmel
¼ TL Meersalz
1 l Hühnerbrühe
250 ml Sahne oder dickflüssige Kokosmilch (Dose)

- Das Öl in einem großen Topf auf mittlerer Stufe erhitzen. Zwiebelringe und Blumenkohl hinzufügen und zehn Minuten anbräunen. Curry, Kreuzkümmel und Salz dazugeben und eine Minute mitgaren. Die Hälfte der Brühe hinzufügen und aufkochen. Die Hitze herunterschalten, Deckel aufsetzen und unter gelegentlichem Umrühren acht Minuten leicht kochen lassen, bis der Blumenkohl butterweich ist.
- In den Mixer umfüllen (eventuell portionsweise) und gleichmäßig pürieren. In den Topf zurückgeben und die Sahne oder

Kokosmilch sowie die restliche Brühe hinzufügen. Gut durchrühren und noch fünf Minuten garen.

Pro Portion: 370 Kalorien, 11 g Protein, 19 g Kohlenhydrate, 30 g Gesamtfett, 15 g gesättigte Fette, 6 g Ballaststoffe, 618 mg Natrium

KINDER-
FREUNDLICH

Chinesische Eiersuppe

Aktive Zeit: 5 Minuten/Gesamtzeit: 10 Minuten

Für 4 Portionen

Das Grundrezept lässt sich durch Zugabe von einem Esslöffel Sriracha-Sauce oder geschmortem Gemüse leicht variieren.

1 l Hühnerbrühe
1 TL frischer Ingwer, geraspelt
1 TL Tamarisauce oder glutenfreie Sojasauce
¼ TL Meersalz
2 TL Kokosmehl
2 Eier, verrührt
3 Frühlingszwiebeln, diagonal aufgeschnitten

- Brühe, Ingwer, Tamari- oder Sojasauce und Salz in einem großen Topf zum Kochen bringen. Das Kokosmehl einrühren, bis es vollständig aufgelöst ist. Den Herd abschalten. Aus 20 bis 25 cm Abstand langsam die verrührten Eier in die Suppe laufen lassen und dabei langsam kreisförmig rühren. Wenn die Eier in der Suppe sind, noch etwa 30 Sekunden weiterrühren.
- Frühlingszwiebeln unterheben und gleich servieren.

Pro Portion: 57 Kalorien, 5 g Protein, 3 g Kohlenhydrate, 3 g Gesamtfett, 1 g gesättigte Fette, 1 g Ballaststoffe, 1083 mg Natrium

KINDER-
FREUNDLICH

Hackfleischtopf

Aktive Zeit: 10 Minuten/Gesamtzeit: 25 Minuten

Für 4 Portionen

Geben Sie nach Belieben einen Tupfer saure Sahne darauf, oder bestreuen Sie die Suppe mit geriebenem Käse nach Wahl.

2 EL Olivenöl, extra vergine
1 gelbe Zwiebel, fein gehackt
2 Karotten, in Scheiben
1 grüne Paprika, grob gehackt
2 Stangen Sellerie, längs halbiert und in Scheiben
450 g Rinderhackfleisch
1 TL italienische Kräuter (siehe Seite 82)
¼ TL Meersalz
1 l Hühnerbrühe

- Das Öl in einem Topf auf mittlerer Stufe erhitzen. Zwiebel, Karotten, Paprika und Sellerie darin anbraten. Das Hackfleisch hinzufügen, nach drei Minuten Kräuter und Salz hinzufügen.
- Die Brühe angießen und aufkochen. Die Hitze auf mittlere Stufe herunterschalten, Deckel aufsetzen und zehn Minuten leicht kochen lassen, bis das Gemüse gar ist.

Pro Portion: 407 Kalorien, 26 g Protein, 9 g Kohlenhydrate, 30 g Gesamtfett, 10 g gesättigte Fette, 2 g Ballaststoffe, 644 mg Natrium

Hühner-Gumbo New Orleans

Aktive Zeit: 10 Minuten/Gesamtzeit: 30 Minuten

Für 4 Portionen

In Louisiana hat wohl jeder Haushalt sein eigenes Gumbo-Rezept, einschließlich zahlloser Methoden, die Suppe anzudicken. Um das Zeitlimit einzuhalten, greife ich hier zu Kokosmehl. Das Rezept ist eine gute Ausgangsbasis für Variationen aller Art. Die Suppe schmeckt beispielsweise auch mit Shrimps statt Huhn.

2 EL Olivenöl, extra vergine, oder Kokosöl
450 g Andouille (Kochwurst), in Scheiben
450 g Hühnerbrust, fingerdick gewürfelt
750 ml Hühnerbrühe
2 bis 3 EL Kokosmehl
1 große Zwiebel, fein gehackt
2 Knoblauchzehen
1 große grüne Paprika, fein gehackt
1 TL Cajun-Gewürz (siehe Seite 84)
1 große Dose Tomaten (435 g), gewürfelt

- Das Öl in einer großen Pfanne auf mittlerer bis hoher Stufe erhitzen. Die Wurst und das Hühnerfleisch unter gelegentlichem Wenden in etwa sieben Minuten leicht anbräunen. Auf mittlere Stufe herunterschalten. Fleisch und Wurst mit einem Schlitzlöffel entnehmen und in eine Schüssel geben, den Bratensaft in der Pfanne lassen.

- Einen Viertel Liter Hühnerbrühe in die Pfanne gießen. Einen Esslöffel Kokosmehl unterrühren, 30 Sekunden warten, dann den nächsten Esslöffel und erneut abwarten, bis die gewünschte Sämigkeit erreicht ist.
- Zwiebel, Knoblauch, Paprika und Gewürzmischung hinzufügen und unter gelegentlichem Rühren drei Minuten garen, bis das Gemüse nachgibt.
- Die Wurst und das Huhn wieder in die Pfanne geben, außerdem die Tomaten und die restliche Hühnerbrühe hinzufügen. Mit Deckel etwa acht Minuten garen, bis das Huhn vollständig durchgegart und das Gemüse weich ist.

Pro Portion: 500 Kalorien, 50 g Protein, 15 g Kohlenhydrate, 27 g Gesamtfett, 8 g gesättigte Fette, 4 g Ballaststoffe, 1540 mg Natrium

KINDER-
FREUNDLICH

Krabbencremesuppe

Aktive Zeit: 10 Minuten/Gesamtzeit: 30 Minuten

Für 8 Portionen

Eine herrliche Cremesuppe ganz ohne Stärke, Weizenmehl und andere ungesunde Verdickungsmittel.

1 EL Butter
2 Schalotten, gehackt
1 kleine rote Paprika, fein gehackt
90 g Doppelrahmkäse, in dicken Würfeln
1 l Schlagsahne
½ TL Meersalz
¼ TL schwarzer Pfeffer, gemahlen
450 g Krabbenfleisch
2 EL Sherry
1 TL Cajun-Gewürz (siehe Seite 84)

- Die Butter in einer Pfanne auf mittlerer Stufe zum Schmelzen bringen. Die Schalotten mit der Paprika in fünf Minuten goldgelb braten. Den Käse hinzufügen und unter Rühren eine Minute erhitzen, bis er schmilzt. Sahne, Salz und Pfeffer unterziehen und erhitzen, bis die Suppe zu sieden beginnt. Sie soll nicht kochen!
- Die Hitze herunterschalten und auf kleiner Stufe unter regelmäßigem Rühren fünf Minuten ziehen lassen. Krabbenfleisch,

Sherry und Cajun-Gewürz hinzufügen und fünf Minuten gut erhitzen.

Pro Portion: 534 Kalorien, 17 g Protein, 4 g Kohlenhydrate, 50 g Gesamtfett, 31 g gesättigte Fette, 0 g Ballaststoffe, 415 mg Natrium

Muschelsuppe New England

Aktive Zeit: 10 Minuten/Gesamtzeit: 30 Minuten

Für 4 Portionen

Eventuell überschreiten wir hier die 30 Minuten, doch diese Suppe ist ein rundum empfehlenswertes Wohlfühlessen, für das sich der Zeitaufwand lohnt. Als Beilage passen ein paar Frühstückskekse mit Pesto (siehe Seite 118).

Die Cremigkeit erzielen wir mit Kondensmilch oder Kokosmilch, wobei die Version mit Kokos erstaunlich gut schmeckt.

360 g Frühstücksspeck (Bacon), in 2 cm großen Stücken
1 Zwiebel, fein gehackt
3 Stangen Sellerie, längs halbiert und in Scheiben
500 ml Kondensmilch (12 % Fett) oder Kokosmilch (Dose)
2 TL getrockneter Thymian
1 kleiner Blumenkohl, in 1 cm großen Stücken
¼ TL Meersalz
1 Dose Muscheln (300 g)

- Den Bacon in einer Pfanne auf mittlerer Stufe fünf Minuten anbraten, ohne dass er knusprig wird. Mit Pfannenhebern oder einem Schlitzlöffel entnehmen und auf einen Teller geben. Das Fett bleibt in der Pfanne. Beiseitestellen.
- Zwiebel und Sellerie unter gelegentlichem Rühren drei Minuten garen. Die Kondensmilch oder Kokosmilch sowie Thymian, Blumenkohlstückchen und Salz hinzugeben und einmal kurz aufkochen. Die Hitze herunterschalten, Deckel aufsetzen und

unter gelegentlichem Umrühren 15 Minuten leicht kochen lassen, bis der Blumenkohl weich genug ist.

- Bacon und Muscheln mitsamt Muschelsaft hinzufügen und zugedeckt drei Minuten erhitzen.

Pro Portion: 616 Kalorien, 27 g Protein, 17 g Kohlenhydrate, 50 g Gesamtfett, 21 g gesättigte Fette, 3 g Ballaststoffe, 1143 mg Natrium

KINDER-
FREUNDLICH

Gefüllte Tomaten mit Thunfischcreme

Aktive Zeit: 10 Minuten/Gesamtzeit: 25 Minuten

Für 4 Portionen

Die gefüllten Tomaten sind ein leckerer Mittagsimbiss oder eine Beilage zum Abendessen. Wer mag, kann sich aber auch gleich zum Frühstück daran satt essen.

Fett für die Form
2 Dosen Thunfisch (je 150 g), abgetropft
125 ml Mayonnaise (siehe Seite 66 oder gekauft)
1 EL Dijon-Senf
1 Stange Sellerie, fein gehackt
2 Frühlingszwiebeln, in feinen Ringen
115 g kräftiger Hartkäse, geraspelt (Emmentaler, Cheddar)
4 große Pflaumentomaten, längs halbiert

- Den Ofen auf 180 °C vorheizen. Eine flache Auflaufform von etwa zwei Liter Inhalt leicht fetten.
- Den Thunfisch in einer Schüssel mit einer Gabel in kleine Stückchen rupfen. Mayonnaise, Senf, Sellerie, Frühlingszwiebeln und die Hälfte des geriebenen Käses hinzufügen und gründlich vermengen.
- Die Tomatenhälften mit einem Löffel aushöhlen; Saft, Fleisch und Kerne wegwerfen. Nun die Tomatenhälften mit der Thunfischcreme füllen und in die Auflaufform setzen.

Acht Minuten backen, bis alles richtig heiß ist. Aus dem Ofen nehmen und den Ofen auf Grillen umschalten. Während der Grill vorheizt, jede Tomatenhälfte mit je einem Esslöffel von dem restlichen Käse bestreuen. Zwei Minuten übergrillen, bis der Käse geschmolzen ist und Blasen wirft.

Pro Portion: 323 Kalorien, 22 g Protein, 12 g Kohlenhydrate, 21 g Gesamtfett, 8 g gesättigte Fette, 1 g Ballaststoffe, 715 mg Natrium

Auberginentürmchen

Aktive Zeit: 10 Minuten/Gesamtzeit: 30 Minuten

Für 4 Portionen

Auberginen, Basilikum, Parmesankäse und Mozzarella sind hier zu einem optisch wie geschmacklich gelungenen Hauptgericht kombiniert, ergeben aber auch eine interessante Beilage zu Shirataki-Nudeln oder Spagettikürbis-Nudeln mit Marinarasauce (siehe Seite 58).

Fett für die Form
4 EL gemahlener gelber Leinsamen
115 g geriebener Parmesan
½ TL italienische Kräuter (siehe Seite 82)
½ TL Meersalz
1 Ei, durchgeschlagen
1 Aubergine, in 8 Scheiben, etwa daumendick
4 EL Olivenöl, extra vergine
2 große Tomaten, in je 4 dicken Scheiben
16 Blättchen frisches Basilikum
240 g Mozzarella, in 4 gleich großen Scheiben

- Ein Backblech leicht fetten.
- Leinsamen, die Hälfte des Parmesankäses, die italienischen Kräuter und das Salz in einem tiefen Teller gut mischen. Das Ei in einen zweiten Teller geben. Die erste Auberginenscheibe von beiden Seiten in das Ei tunken und gleich in der Leinsamen-

mischung wenden. Die panierte Scheibe auf einen Teller legen. Mit den übrigen Auberginenscheiben wiederholen.

- Zwei Esslöffel Olivenöl in einer großen Pfanne auf mittlerer Stufe erhitzen. Die Auberginen mit Deckel acht Minuten garen, dabei einmal wenden. Sie sind fertig, wenn sie mit der Gabel leicht durchzustechen und von beiden Seiten angebräunt sind. Bei Bedarf noch einen Esslöffel Öl hinzufügen. Auf einem mit Küchenkrepp ausgelegten Teller abtropfen lassen.
- Parallel dazu den Grill vorheizen. Die Tomatenscheiben nebeneinander auf das Backblech setzen. Mit einem Esslöffel Öl beträufeln und mit je einem halben Esslöffel von dem restlichen Parmesan bestreuen. Vier Minuten grillen, bis sie leicht gebräunt sind. Aus dem Ofen nehmen und beiseitestellen.
- Die vier größten Auberginenscheiben auf vier Tellern anrichten. Je eine gegrillte Parmesantomate, zwei Blätter Basilikum und eine Scheibe Mozzarella auf die Auberginen setzen. Die restlichen Auberginenscheiben, eine weitere Parmesantomate und noch zwei Basilikumblätter darauf auftürmen.

Pro Portion: 377 Kalorien, 21 g Protein, 13 g Kohlenhydrate, 29 g Gesamtfett, 9 g gesättigte Fette, 7 g Ballaststoffe, 276 mg Natrium

Gefüllte Eier mit Krebsfleisch

Aktive Zeit: 5 Minuten/Gesamtzeit: 10 Minuten

Für 12 Stück

Ein schnelles Rezept für gefüllte Eier, die durch das Krebsfleisch kulinarisch spannend werden.

6 hart gekochte Eier, geschält und längs halbiert
1 Dose (180 g) Krebsfleisch, abgetropft
5 EL Mayonnaise (siehe Seite 66 oder gekauft)
½ TL Selleriesalz
1 EL frische Petersilie, gehackt

- Die Eigelbe in eine Schüssel geben. Die Eiweißhälften auf einem Teller anrichten.
- Die Eigelbe mit der Gabel zerdrücken. Krebsfleisch, Mayonnaise und Selleriesalz hinzufügen und gut verrühren. Die Mischung gleichmäßig auf die Eiweißhälften verteilen.
- Zum Schluss alles mit ein wenig Petersilie verzieren.

Pro halbes Ei: 91 Kalorien, 6 g Protein, 0 g Kohlenhydrate, 8 g Gesamtfett, 2 g gesättigte Fette, 0 g Ballaststoffe, 124 mg Natrium

Gefüllte Wasabi-Eier

Aktive Zeit: 5 Minuten/Gesamtzeit: 10 Minuten

Für 12 Stück

Mit Wasabi erhalten gefüllte Eier eine pikante asiatische Note.

6 hart gekochte Eier, geschält und längs halbiert
3 EL Mayonnaise (siehe Seite 66 oder gekauft)
1 TL Wasabipulver
½ TL gemahlener Ingwer
½ TL Reisweinessig

- Die Eigelbe in eine Schüssel geben. Die Eiweißhälften auf einem Teller anrichten.
- Die Eigelbe mit der Gabel zerdrücken. Mayonnaise, Wasabi, Ingwer und Essig hinzufügen und gut verrühren. Die Mischung gleichmäßig in die Eiweißhälften löffeln oder spritzen.

Pro halbes Ei: 64 Kalorien, 3 g Protein, 0 g Kohlenhydrate, 5 g Gesamtfett, 1 g gesättigte Fette, 0 g Ballaststoffe, 54 mg Natrium

Roastbeef-Sandwiches mit Meerrettich-Mayonnaise

Aktive Zeit: 5 Minuten/Gesamtzeit: 5 Minuten

Für 2 Portionen

Ein deftiger Klassiker mit Roastbeef und Meerrettich-Mayonnaise auf Sandwichbrot, garniert mit Käse und roten Zwiebeln.

4 EL Mayonnaise (siehe Seite 66 oder gekauft)
2 TL Meerrettich (Tube oder Glas)
4 Scheiben Sandwichbrot (siehe Seite 41)
125 g Roastbeef, in Scheiben
60 g Schweizer Käse, in Scheiben
¼ kleine rote Zwiebel, in feinen Ringen

- Mayonnaise und Meerrettich in einer kleinen Schüssel gut verrühren. Zwei Scheiben Brot mit je einem Esslöffel Meerrettich-Mayonnaise bestreichen. Jede Scheibe mit jeweils der Hälfte des Roastbeefs, des Käses und der Zwiebel belegen. Die beiden übrigen Brotscheiben mit der restlichen Mayonnaise bestreichen und das Sandwich zusammenklappen.
- Nach Belieben in der Mikrowelle 20 Sekunden auf hoher Stufe erhitzen, bis der Käse schmilzt.

Pro Portion: 724 Kalorien, 33 g Protein, 14 g Kohlenhydrate, 63 g Gesamtfett, 16 g gesättigte Fette, 7 g Ballaststoffe, 911 mg Natrium

Avocado-Schinken-Sandwiches

Aktive Zeit: 5 Minuten/Gesamtzeit: 5 Minuten

Für 2 Portionen

Ein einfaches Sandwich, das man mit anderen Zutaten nach Belieben abwandeln kann. Gut schmeckt es beispielsweise mit Tomatenscheiben oder Sprossen. Und natürlich kann man den gekochten Schinken durch andere weizenfreie Aufschnittsorten ersetzen.

4 Scheiben Focaccia (siehe Seite 42) oder Sandwichbrot (siehe Seite 41)
1 Avocado, halbiert, entsteint, geschält und in Scheiben, oder 4 EL Guacamole (siehe Seite 60)
¼ kleine rote Zwiebel, in feinen Ringen
125 g gekochter Schinken, in Scheiben
2 bis 3 EL Ranch-Dressing mit Kräutern (siehe Seite 71), Tomatencreme (siehe Seite 73) oder würziger Hummus (siehe Seite 56)

- Zwei Scheiben Brot mit Avocado, Zwiebel und Schinken belegen. Mit einer Sauce nach Wahl beträufeln. Die restlichen zwei Scheiben Brot daraufsetzen.

Pro Portion: 728 Kalorien, 33 g Protein, 26 g Kohlenhydrate, 59 g Gesamtfett, 8 g gesättigte Fette, 15 g Ballaststoffe, 1201 mg Natrium

KINDER-
FREUNDLICH

Ofenfocaccia mit Käse und Schinken

Aktive Zeit: 5 Minuten/Gesamtzeit: 10 Minuten

Für 4 Portionen

Pizza oder Sandwich? Dank Parmaschinken, Provolone-Käse, Artischocken und sonnengetrockneten Tomaten auf jeden Fall ein kräftiger Hauch Italien.

4 Stücke Focaccia (siehe Seite 42) oder Focaccia mit Kräutern (siehe Seite 44)
4 Handvoll junger Blattspinat
60 g Parmaschinken
4 Scheiben Provolone-Käse
4 Artischockenherzen (Dose), in Scheiben
2 EL italienische Vinaigrette mit Tomaten (siehe Seite 76) oder ein anderes passendes Dressing

- Den Ofen auf 175 °C vorheizen.
- Die Focacciastücke auf ein Backblech legen. Gleichmäßig mit Spinat, Parmaschinken, Käse und Artischocken belegen. Drei Minuten backen, bis der Käse geschmolzen ist. Mit der Vinaigrette beträufeln.

Pro Portion: 471 Kalorien, 24 g Protein, 14 g Kohlenhydrate, 38 g Gesamtfett, 9 g gesättigte Fette, 7 g Ballaststoffe, 1147 mg Natrium

Muffuletta-Sandwiches

Aktive Zeit: 5 Minuten/Gesamtzeit: 5 Minuten

Für 4 Portionen

Eine beliebte Spezialität aus New Orleans mit reichlich Olivenöl und gehackten Oliven. Jeder Fan schwört auf sein eigenes Lieblingsrezept. Abgesehen von weizenfreiem Brot weiche ich auch mit dem besonders würzigen Asiago-Käse von den verbreiteten Varianten ab.

Für Muffuletta nimmt man ein Brot, das mit Sesam bestreut ist. Wer es originalgetreu mag, sollte die Focaccia vor dem Backen mit Sesamsamen bestreuen.

4 Stücke Focaccia (siehe Seite 42)
4 EL Tapenade (Olivenpaste)
125 g gekochter Schinken, in Scheiben
60 g Peperoni-Salami, in Scheiben
60 g Mortadella, in Scheiben
120 g Provolone-Käse, in Scheiben
60 g Asiago-Käse, in Scheiben

- Zwei Stücke Brot mit Tapenade bestreichen. Gleichmäßig mit Schinken, Salami, Mortadella und Käse belegen und die zwei restlichen Brotstücke auf das Sandwich klappen. Die Brote vorsichtig halbieren.

Pro Portion: 619 Kalorien, 32 g Protein, 14 g Kohlenhydrate, 50 g Gesamtfett, 14 g gesättigte Fette, 7 g Ballaststoffe, 1766 mg Natrium

KINDER-
FREUNDLICH

Peperonibrot

Aktive Zeit: 10 Minuten/Gesamtzeit: 30 Minuten + Zeit zum Abkühlen

Für 8 Portionen

Lassen Sie sich nicht täuschen, wenn Kinder hier ordentlich zuschlagen. Es sieht ungesünder aus, als es ist! Schließlich besteht das Peperonibrot nur aus gemahlenen Nüssen, Kokosmehl, Käse, Eiern und Peperoni-Salami. Das Brot ergänzt ein Gericht mit Shirataki- oder Spaghettikürbis-Nudeln und Marinarasauce (siehe Seite 58). Man kann es auch ohne die Nudeln nur mit der Sauce auf den Tisch bringen.

150 g Mozzarella, gerupft
250 g Allzweckmehl (siehe Seite 40)
2 EL Olivenöl, extra vergine
2 Eier, leicht durchgeschlagen
1 TL italienische Kräuter (siehe Seite 82)
60 g Peperoni-Salami, in dünnen Scheiben

- Den Ofen auf 175 °C vorheizen. Ein Backblech mit Backpapier auslegen.
- Die Hälfte des Käses in der Küchenmaschine zerkleinern, bis er eine körnige Konsistenz annimmt. Den Käse in einer großen Schüssel mit dem Allzweckmehl vermischen. Das Öl und die Eier sorgfältig unterziehen, bis ein dicker, feuchter Teig entsteht.
- Den Teig mit feuchten Händen auf das Backblech geben und ein zentimeterdickes Quadrat von 22 × 22 cm formen. Mit der Kräutermischung bestreuen. Erst die Peperoni-Salami, dann den restlichen Käse auf dem Teig verteilen.
- Den Teig mit Hilfe des Backpapiers vorsichtig von einer Seite her aufrollen wie bei einer Biskuitrolle. (Anfangs kann er brechen, aber die äußerste Schicht bleibt heil.) 20 Minuten backen, bis der Teig leicht gebräunt ist.

  Fünf Minuten abkühlen lassen, dann in Scheiben schneiden.

Pro Portion: 284 Kalorien, 13 g Protein, 8 g Kohlenhydrate, 24 g Gesamtfett, 4,5 g gesättigte Fette, 5 g Ballaststoffe, 364 mg Natrium

Fleischbällchen in Rotweinsauce

Aktive Zeit: 10 Minuten/Gesamtzeit: 30 Minuten

Für 4 Portionen

Diese Fleischbällchen kann man für alles Mögliche verwenden: Als Sauce auf Shirataki-Nudeln oder zu einem grünen Salat, grünen Bohnen, Brokkoli oder Spargel.

Natürlich kann man für das Gericht auch selbst gewürztes Hackfleisch nehmen.

450 g Mett oder weizenfreies Wurstbrät
2 EL gemahlener gelber Leinsamen
1 Ei
½ TL italienische Kräuter (siehe Seite 82)
¼ TL Meersalz
2 EL Olivenöl, extra vergine, oder Kokosöl
2 EL Tomatensauce
4 EL trockener Rotwein

- Das Mett oder Wurstbrät gründlich mit Leinsamen, Ei, Kräutern und Salz verkneten und Fleischbällchen von etwa 4 cm Durchmesser rollen.
- Das Öl in einer großen Pfanne auf mittlerer Stufe erhitzen. Die Fleischbällchen zwei Minuten von allen Seiten anbraten. Die Hitze herunterschalten, Deckel aufsetzen und zwölf Minuten garen, bis das Fleisch vollständig durchgebraten ist. Dabei mehrmals wenden. Mit einem Schöpflöffel die Fleischbällchen in eine Schüssel umfüllen.

- Die Tomatensauce und den Wein in derselben Pfanne zwei Minuten erhitzen und dabei alle Krusten vom Pfannenboden lösen und in die Sauce rühren. Über die Fleischbällchen gießen.

Pro Portion: 503 Kalorien, 19 g Protein, 3 g Kohlenhydrate, 45 g Gesamtfett, 14 g gesättigte Fette, 1 g Ballaststoffe, 986 mg Natrium

KINDERFREUNDLICH

Focaccia mit Tomaten und Mozzarella

Aktive Zeit: 5 Minuten/Gesamtzeit: 25 Minuten

Für 4 Portionen

Frisches Basilikum, Mozzarella und Tomaten ergeben nicht nur einen immer wieder beliebten Salat, sondern auch ein köstliches, schnell belegtes Brot. Wer möchte, kann mit dem Basilikum noch ein paar Tropfen Balsamico-Essig über das Brot träufeln.

4 Stücke Focaccia (siehe Seite 42)
Fett für die Form
2 bis 3 EL italienische Kräuter (siehe Seite 82)
½ TL Meersalz
2 halbe Hähnchenbrüste
1 große Tomate, in 4 Scheiben
120 g Mozzarella, in Scheiben
4 EL frische Basilikumblätter, grob gehackt

- Den Grillrost 15 cm unter dem Backofengrill einsetzen und den Grill vorheizen. Die Focaccia auf ein Backblech legen. Beiseitestellen.
- Eine Auflaufform fetten.
- Die italienischen Kräuter und das Salz in einen Zip-Beutel geben und schütteln. Die Hühnerbrüste hinzufügen und gründlich schütteln.

- Das Huhn in die Auflaufform legen und zwölf Minuten grillen, dabei einmal wenden. Ein in die Mitte eingestochenes Bratenthermometer sollte 74 °C anzeigen, und der Bratensaft muss klar sein. Fünf Minuten ruhen lassen.
- In dünne Scheiben schneiden und mit den Tomatenscheiben und dem Käse auf der Focaccia verteilen. Eine Minute übergrillen, bis der Käse geschmolzen ist. Zum Schluss alles mit Basilikum bestreuen.

Pro Portion: 490 Kalorien, 37 g Protein, 15 g Kohlenhydrate, 33 g Gesamtfett, 7 g gesättigte Fette, 8 g Ballaststoffe, 982 mg Natrium

KINDER-
FREUNDLICH

Wraps mit Schinken und Huhn

Aktive Zeit: 10 Minuten/Gesamtzeit: 25 Minuten

Für 4 Portionen

Schinken und Balsamico-Essig verleihen diesen Wraps die besondere Würze. Tomatenscheiben oder Guacamole (siehe Seite 60) passen auch gut dazu.

2 EL Olivenöl, extra vergine
1 große Hühnerbrust, in feinen Streifen
4 dicke Scheiben Frühstücksspeck (Bacon)
120 g Champignons, in Scheiben
2 EL Balsamico-Essig
4 Leinsamen-Wraps (siehe Seite 49)
4 Handvoll Blattsalat, gehackt

- Das Öl in einer großen Pfanne auf mittlerer Stufe erhitzen. Das Huhn, den Speck und die Pilze acht Minuten darin garen. Das Huhn darf nicht mehr rosa sein, der Schinken soll knusprig sein und die Pilze goldbraun. Das Fleisch und den Schinken mit einem Schöpflöffel in eine Schüssel füllen und beiseitestellen.
- Auf kleine Stufe herunterschalten. Den Essig zu den Pilzen in der Pfanne gießen und unter Rühren eine Minute mitgaren, bis der Essig reduziert ist. Vom Herd nehmen.

Die Wraps auf die Arbeitsfläche legen. Das Huhn und den Schinken auf der unteren Hälfte der Wraps verteilen. Salat und Pilze dazugeben und aufrollen.

Pro Portion: 394 Kalorien, 25 g Protein, 12 g Kohlenhydrate, 29 g Gesamtfett, 8 g gesättigte Fette, 9 g Ballaststoffe, 384 mg Natrium

Sandwiches mit Avocado, Schinken und Ei

Aktive Zeit: 5 Minuten/Gesamtzeit: 20 Minuten

Für 2 Portionen

Die Kombination aus Cajun-Gewürz und Schinken ist ausgesprochen appetitlich, besonders wenn die cremige Avocado hinzukommt. Lassen Sie sich von der geringen Größe nicht täuschen: Diese Wraps machen richtig gut satt.

4 dicke Scheiben Frühstücksspeck (Bacon)
2 Eier
4 Scheiben Sandwichbrot (siehe Seite 41)
4 EL Cajun-Mayonnaise (siehe Seite 68)
1 Avocado, halbiert, entsteint, geschält und in Scheiben

- Den Speck in einer großen Pfanne auf mittlerer Stufe durchgaren. Aus der Pfanne nehmen und beiseitestellen. Die Eier einzeln in die Pfanne aufschlagen. Die Eigelbe aufstechen und so lange braten, bis sie fest sind. (Mit einer Spiegeleiform bleibt das Ei schön rund.)
- Zwei Scheiben Brot mit je einem Esslöffel Mayonnaise bestreichen. Mit dem gegarten Speck, einem Ei und Avocadoscheiben belegen. Die restliche Mayonnaise auf die zwei übrigen Scheiben Brot streichen und die Sandwiches zusammenklappen.

Pro Portion: 722 Kalorien, 27 g Protein, 19 g Kohlenhydrate, 63 g Gesamtfett, 14 g gesättigte Fette, 12 g Ballaststoffe, 855 mg Natrium

KINDER-
FREUNDLICH

Eiersalat-Wraps

Aktive Zeit: 10 Minuten/Gesamtzeit: 15 Minuten

Für 4 Portionen

Mit Taco-Gewürz und Senf wird selbst der gute alte Eiersalat ein delikater Wrap. Er passt gut zu einer Champignoncremesuppe mit Schnittlauch (siehe Seite 142) oder einer anderen feinen Suppe und macht pappsatt.

6 hart gekochte Eier, geschält und gehackt
125 g Mayonnaise (siehe Seite 66 oder gekauft)
1 EL Dijon-Senf oder 2 TL Senfpulver
2 TL Taco-Gewürz (siehe Seite 83)
1 kleine Zwiebel, fein gehackt
1 kleine Tomate, fein gehackt
4 Leinsamen-Wraps (siehe Seite 49)
4 Handvoll Kopfsalat, Feldsalat oder Rucola, gehackt

- Die Eier mit Mayonnaise, Senf, Taco-Gewürz, Zwiebel und Tomate in eine Schüssel geben. Gründlich vermengen.
- Die Wraps auf die Arbeitsfläche legen. Den Eiersalat auf der unteren Hälfte der Wraps verteilen, mit Salat belegen und aufrollen.

Pro Portion: 580 Kalorien, 23 g Protein, 16 g Kohlenhydrate, 50 g Gesamtfett, 12 g gesättigte Fette, 9 g Ballaststoffe, 460 mg Natrium

Wraps mit Champignons

Aktive Zeit: 5 Minuten/Gesamtzeit: 15 Minuten

Für 4 Portionen

Pilze liefern Kalium, Niacin, Spurenelemente, lösliche Fasern und spezielle Phytonährstoffe. Zunehmend werden auch Belege erbracht, dass Pilze auf einzigartige Weise Entzündungen eindämmen, das Immunsystem stärken und vor Krebs schützen.

Für die Grillparty lässt sich das Grundthema bequem abwandeln: Große Champignons in Scheiben schneiden und grillen, dann die gegrillten Pilze im Wrap aufrollen.

2 EL Olivenöl
1 kleine Zwiebel, fein gehackt
500 g kleine, feste Champignons, in Scheiben
1 grüne Paprika, in Streifen
1 Knoblauchzehe, gehackt
2 EL Balsamico-Essig
½ TL Meersalz
4 Leinsamen-Wraps (siehe Seite 49)
4 Handvoll Feldsalat oder Rucola, gehackt

- Das Öl in einer großen Pfanne auf mittlerer Stufe erhitzen. Zwiebel, Pilze und Paprika unter Rühren zwei Minuten anschwitzen. Den Knoblauch hinzufügen und noch eine Minute garen. Essig und Salz hinzufügen und drei Minuten erhitzen, bis der Essig weitgehend verkocht ist.

- Die Wraps auf die Arbeitsfläche legen. Die Pilzmischung auf der unteren Hälfte der Wraps verteilen, mit Salat belegen und aufrollen.

Pro Portion: 345 Kalorien, 16 g Protein, 19 g Kohlenhydrate, 26 g Gesamtfett, 7 g gesättigte Fette, 11 g Ballaststoffe, 450 mg Natrium

Tomaten-Mozzarella-Sandwiches

Aktive Zeit: 5 Minuten/Gesamtzeit: 10 Minuten

Für 2 Portionen

Wer den Geschmack von reifen Fleisch- oder Gartentomaten mit Mozzarella und Basilikum zu schätzen weiß, wird auch diese schlichten Sandwiches lieben.

4 Stücke Focaccia (siehe Seite 42)
60 g Mozzarella, in Scheiben
2 mittelgroße Tomaten, in Scheiben
12 Blätter frisches Basilikum, längs in Streifen geschnitten
3 bis 4 TL italienische Vinaigrette (siehe Seite 75)

- Je ein Stück Focaccia auf einen Teller legen und mit Käse und Tomaten belegen. Mit Basilikum bestreuen, mit der Vinaigrette beträufeln und mit einer zweiten Scheibe Brot bedecken.
- Die Sandwiches nacheinander in der Mikrowelle 30 bis 60 Sekunden auf hoher Stufe erhitzen, bis der Käse schmilzt. Alternativ drei bis vier Minuten bei 190 °C im Backofen erhitzen, bis der Käse geschmolzen ist.

Pro Portion: 728 Kalorien, 30 g Protein, 26 g Kohlenhydrate, 60 g Gesamtfett, 10 g gesättigte Fette, 14 g Ballaststoffe, 1031 mg Natrium

KINDER-FREUNDLICH

Peperonipizza-Wraps

Aktive Zeit: 5 Minuten/Gesamtzeit: 10 Minuten

Für 4 Portionen

Dieser Wrap geht ganz einfach und macht erstaunlich satt. Und wie bei herkömmlicher Pizza lässt sich auch dieses Grundrezept nahezu beliebig abwandeln. Man kann geschmorte Zwiebeln und grüne Paprika hinzufügen, die Peperoni-Salami durch normale Salami, Wurst oder Hackfleisch ersetzen und geriebenen Parmesan oder Ziegenkäse ergänzen.

4 Leinsamen-Wraps (siehe Seite 49)
125 ml Tomatensauce oder zuckerfreie Pizzasauce
60 g Peperoni-Salami, in Scheiben
240 g Mozzarella, in Scheiben

Die Wraps auf Teller legen. Die Pizza- oder Tomatensauce auf der unteren Hälfte der Wraps verteilen, mit Peperoni-Salami und Käse belegen und nacheinander in der Mikrowelle 30 bis 60 Sekunden auf hoher Stufe erhitzen, bis der Käse schmilzt. Alternativ im vorgeheizten Backofen übergrillen. Zum Schluss aufrollen.

Pro Portion: 553 Kalorien, 28 g Protein, 14 g Kohlenhydrate, 44 g Gesamtfett, 22 g gesättigte Fette, 7 g Ballaststoffe, 1178 mg Natrium

Lachs-Wraps

Aktive Zeit: 5 Minuten/Gesamtzeit: 10 Minuten

Für 4 Portionen

Lachs und Frischkäse sind ein gesunder Genuss, perfekt kombiniert mit weizenfreien Tortillas. Lecker!

4 Tortillas (siehe Seite 52)
120 g Frischkäse oder abgetropfter Quark, zimmerwarm
120 g Räucherlachs, in Scheiben
2 EL Kapern, gewaschen und abgetropft
2 EL frischer Schnittlauch, fein gehackt

- Die Tortillas auf die Arbeitsfläche legen. Jede Tortilla dünn mit Frischkäse (oder Quark) bestreichen und gleichmäßig mit dem Lachs belegen. Die Kapern in die Mitte des Belags setzen. Zum Schluss alles mit Schnittlauch bestreuen und aufrollen.

Pro Portion: 293 Kalorien, 16 g Protein, 10 g Kohlenhydrate, 24 g Gesamtfett, 7 g gesättigte Fette, 8 g Ballaststoffe, 963 mg Natrium

KINDER-
FREUNDLICH

Marmeladensandwich mit Mandelbutter

Aktive Zeit: 5 Minuten/Gesamtzeit: 5 Minuten

Für 1 Portion

Amerikaner lieben Erdnussbuttersandwiches mit Marmelade. Erdnussbutter kann man gut durch Mandelbutter oder jede andere Nuss- oder Samenbutter ersetzen. Ebenso können Sie das Grundrezept für Chia-Pflaumensauce mit beliebigen Früchten abändern.

2 Scheiben Sandwichbrot (siehe Seite 41)
1 bis 2 EL Mandelbutter
1 EL Chia-Pflaumensauce (siehe Seite 77) oder andere zuckerfreie Fruchtzubereitung

- Eine Scheibe Brot mit Mandelbutter bestreichen. Pflaumensauce oder Fruchtaufstrich daraufgeben und mit der anderen Scheibe bedecken.

Pro Portion: 456 Kalorien, 17 g Protein, 18 g Kohlenhydrate, 39 g Gesamtfett, 8 g gesättigte Fette, 9 g Ballaststoffe, 499 mg Natrium

Thunfisch-Spinat-Burger

Aktive Zeit: 10 Minuten/Gesamtzeit: 20 Minuten

Für 4 Portionen

Diese gesunden Thunfischburger kann man pur essen, ein Sandwich oder eine Focaccia damit füllen und mit unterschiedlichen Gewürzen immer wieder abwandeln.

3 EL Olivenöl, extra vergine
180 g frischer Feldsalat oder junger Spinat
2 Dosen Thunfisch (je 150 g), abgetropft
½ kleine rote Paprika, fein gehackt
1 EL Dijon-Senf
2 EL Mayonnaise (siehe Seite 66 oder gekauft)
1 TL Fischgewürz oder Gewürzmischung nach Wahl (siehe Seiten 81 bis 85)
1 Ei
6 EL fein geriebener Parmesan
4 EL Kichererbsenmehl

- Einen Esslöffel Öl in einer großen Pfanne auf mittlerer Stufe erhitzen. Den Salat oder Spinat unter häufigem Rühren in etwa zwei Minuten weich dünsten. In ein Sieb gießen und überschüssige Flüssigkeit ausdrücken, dann grob hacken.
- Den Thunfisch in einer Schüssel mit einer Gabel in kleine Stückchen rupfen. Gehackten Spinat, Paprika, Senf, Mayonnaise, Gewürzmischung und das Ei hinzufügen und gründlich

vermischen. Käse und Kichererbsenmehl unterziehen. Aus der Masse vier gleich große Burger formen.

- Das restliche Öl in derselben Pfanne auf mittlerer Stufe erhitzen. Die Burger sechs Minuten braten, bis sie goldbraun und vollständig heiß sind, dabei einmal wenden.

Pro Portion: 365 Kalorien, 27 g Protein, 10 g Kohlenhydrate, 24 g Gesamtfett, 4 g gesättigte Fette, 3 g Ballaststoffe, 798 mg Natrium

KINDER-
FREUNDLICH

Zucchiniküchlein

Aktive Zeit: 10 Minuten/Gesamtzeit: 20 Minuten

Für 4 Portionen

Diese Küchlein gibt es rund ums Mittelmeer in vielen Varianten. Mir schmecken sie als Beilage mit Marinarasauce (siehe Seite 58) oder mit einem Spiegelei oder pochiertem Ei zum Frühstück. Man kann sie auch klein schneiden, wie Croûtons anbraten und auf Salat streuen. Dazu schmeckt dann eine würzige Vinaigrette (siehe Seite 75).

1 Zucchini, geraspelt
1 Ei, leicht durchgeschlagen
2 TL italienische Kräuter (siehe Seite 82)
75 g Mozzarella, gerupft
4 EL geriebener Parmesan
4 EL gemahlener gelber Leinsamen
2 EL Olivenöl

- Die Zucchiniraspel auf ein sauberes Geschirrtuch legen und überschüssige Feuchtigkeit ausdrücken.
- Zucchini, Ei, Kräuter und Mozzarella in einer Schüssel mischen. Parmesankäse und Leinsamen hinzufügen und unterrühren. Aus dem Teig vier gleich große, zentimeterdicke Küchlein formen.
- Das Öl in einer großen Pfanne auf mittlerer Stufe erhitzen, bis es zischt. Die Küchlein in sieben Minuten von beiden Seiten

goldbraun backen, dabei einmal wenden. Auf einem mit Küchenkrepp ausgelegten Teller abtropfen lassen. Sofort servieren.

Pro Portion: 192 Kalorien, 10 g Protein, 5 g Kohlenhydrate, 16 g Gesamtfett, 4 g gesättigte Fette, 3 g Ballaststoffe, 235 mg Natrium

Artischocken, Pancetta und Grünkohl mit Parmesanflöckchen

Aktive Zeit: 10 Minuten/Gesamtzeit: 20 Minuten

Für 6 Portionen

Der geschmackliche Kontrast von Pancetta, Artischocken, Grünkohl und Parmesan macht dieses Gericht zu einem wahren Gaumenkitzel. Als Beilage passt es zu weizenfreien Nudelgerichten oder zu Fleisch, es ergibt aber auch ein ausreichendes Frühstück oder einen Mittagsimbiss. Morgens gehört ein Spiegelei oder ein pochiertes Ei dazu.

Statt italienischen Kräutern kann man auch einen Esslöffel getrockneten Oregano und einen Teelöffel getrockneten Rosmarin verwenden.

2 EL Olivenöl, extra vergine
120 g Pancetta (luftgetrockneter Bauchspeck mit Kräutern), in 2 cm großen Stücken
1 Zwiebel, fein gehackt
2 Knoblauchzehen, gehackt
1 TL italienische Kräuter (siehe Seite 82)
250 g aufgetauter Grünkohl, gehackt
1 Glas (etwa 390 g) geviertelte Artischocken, abgetropft
60 g Parmesan, in Flocken

- Das Öl in einer großen Pfanne auf mittlerer Stufe erhitzen. Pancetta, Zwiebel, Knoblauch und italienische Kräuter fünf Minuten darin garen. Überschüssiges Öl eventuell abgießen.

- Grünkohl und Artischocken unterrühren. Die Hitze herunterschalten, Deckel aufsetzen und fünf Minuten auf mittlerer Stufe garen, bis der Grünkohl zusammenfällt. Mit dem Käse bestreut servieren.

Pro Portion: 232 Kalorien, 14 g Protein, 13 g Kohlenhydrate, 15 g Gesamtfett, 4 g gesättigte Fette, 2 g Ballaststoffe, 1336 mg Natrium

Rosenkohlgratin

Aktive Zeit: 5 Minuten/Gesamtzeit: 30 Minuten

Für 4 Portionen

Mit diesem Gericht kann sich fast jeder mit Rosenkohl anfreunden!

Wie bei allen 30-Minuten-Rezepten sollten Sie sich nicht von Butter und Käse abschrecken lassen: Ohne Weizen und andere ungesunde Zutaten unterstützt dieses Gratin tatsächlich eine gesunde Lebensweise und den Fettabbau.

Dazu passt Seefisch oder Huhn.

Fett für die Form
500 g Rosenkohl, geputzt und halbiert
3 EL Butter
4 EL Mandelmehl
7 EL geriebener Parmesan
¼ TL Meersalz
¼ TL schwarzer Pfeffer, gemahlen
125 ml Schlagsahne (mindestens 30 % Fett)

- Den Ofen auf 200 °C vorheizen. Eine Auflaufform von zwei Liter Inhalt leicht fetten.
- Rosenkohl und 250 Milliliter Wasser in eine mikrowellenfeste Schüssel füllen. Zugedeckt auf hoher Stufe fünf Minuten in der Mikrowelle garen. Den Rosenkohl gut abgießen und anschließend in einem Esslöffel Butter wenden.
- In der Zwischenzeit das Mandelmehl in einer kleinen Schüssel mit vier Esslöffeln Parmesan sowie Salz und Pfeffer mischen.

Die restlichen zwei Esslöffel Butter mit zwei Gabeln unter die Mehlmischung ziehen, bis sie krümelig wird.

- Den Rosenkohl in der Auflaufform verteilen. Die Sahne über den Rosenkohl gießen und alles gleichmäßig mit den Streuseln bedecken. Zum Schluss mit dem restlichen Parmesankäse bestreuen.
- 20 Minuten backen, bis der Auflauf Blasen wirft und goldbraun ist.

Pro Portion: 310 Kalorien, 10 g Protein, 13 g Kohlenhydrate, 26 g Gesamtfett, 14 g gesättigte Fette, 5 g Ballaststoffe, 365 mg Natrium

KINDER-
FREUNDLICH

Butterkohl

Aktive Zeit: 5 Minuten/Gesamtzeit: 15 Minuten

Für 4 Portionen

Supersimpel! Dieses Rezept passt zu vielen Hauptgerichten als Beilage und lässt sich leicht abwandeln. Zum Beispiel könnte man zunächst Speckwürfel oder Hackfleisch anbraten und dann erst den Kohl hinzufügen. Marokko-Gewürz oder italienische Kräuter (siehe Seiten 81 und 82) sorgen für mehr Geschmack, und statt Wasser eignen sich auch Rinder- oder Hühnerbrühe.

1 EL Olivenöl, extra vergine
500 g Kohl, geraspelt
2 EL Butter
¼ TL Meersalz
¼ TL schwarzer Pfeffer, gemahlen

- Das Öl in einer großen Pfanne auf mittlerer Stufe erhitzen, bis es zischt. Den Kohl unter gelegentlichem Rühren drei Minuten garen, bis er nachgibt. Zwei Esslöffel Wasser hinzufügen und unter Rühren zwei Minuten weiterkochen, bis der Kohl die gewünschte Konsistenz erreicht hat und das Wasser verdampft ist.

Die Butter hinzufügen und den Kohl darin wenden. Mit Salz und Pfeffer abschmecken.

Pro Portion: 111 Kalorien, 2 g Protein, 7 g Kohlenhydrate, 9 g Gesamtfett, 4 g gesättigte Fette, 3 g Ballaststoffe, 170 mg Natrium

Pikanter Grünkohl

Aktive Zeit: 5 Minuten/Gesamtzeit: 30 Minuten

Für 4 Portionen

Mit Andouille-Wurst (Wurst aus Innereien) bekommt der Grünkohl eine ungewohnte Note. Wer es säuerlicher mag, kann mehr Essig hinzufügen.

Mit einem halben Liter Hühnerbrühe und ohne den Essig wird das Rezept zu einer deftigen Grünkohlsuppe (dann mit Salz abschmecken).

2 EL Olivenöl, extra vergine
1 geräucherte Andouille-Wurst (90 g), gewürfelt
1 Knoblauchzehe, gehackt
500 g Tiefkühl-Grünkohl, aufgetaut, gehackt
125 ml Hühnerbrühe
¼ TL Chiliflocken (nach Belieben)
1 EL Apfelessig

- Einen Esslöffel Öl in einer großen Pfanne oder im Wok auf mittlerer Stufe erhitzen. Die Wurst vier Minuten leicht anbräunen. Den Knoblauch hinzufügen und unter Rühren noch eine Minute garen. Wurst und Knoblauch auf einem kleinen Teller beiseitestellen.
- In derselben Pfanne den zweiten Esslöffel Öl erhitzen. Den Grünkohl unter ständigem Rühren zwei Minuten anbraten, bis er mit Öl überzogen ist und ordentlich zischt. Die Brühe hinzufügen, Deckel aufsetzen und unter gelegentlichem Umrühren

zehn Minuten leicht kochen lassen, bis der Kohl gar ist. Chiliflocken, Essig, die Wurst und den Knoblauch unterrühren und ohne Deckel fünf Minuten erhitzen, bis die Flüssigkeit weitgehend verdampft ist.

Pro Portion: 143 Kalorien, 7 g Protein, 7 g Kohlenhydrate, 11 g Gesamtfett, 2 g gesättigte Fette, 2 g Ballaststoffe, 225 mg Natrium

Kräuterchampignons

Aktive Zeit: 5 Minuten/Gesamtzeit: 15 Minuten

Für 4 Portionen

Ein köstliches Pilzgericht mit dem unvergleichlichen Aroma der Kräuter der Provence. Es eignet sich als Beilage zu Steak oder Schweineschnitzel, aber auch als Ergänzung zu einem mediterranen Salat.

250 g kleine, feste Champignons
2 EL Olivenöl, extra vergine
1 TL Kräuter der Provence (siehe Seite 85)

- Den Ofen auf 175 °C vorheizen.
- Die Pilze in einer Schüssel im Öl wenden. Mit den Kräutern bestreuen und erneut gründlich wenden.
- Die Pilze auf einem Backblech ausbreiten und zehn Minuten backen, bis sie leicht gebräunt sind; dabei zweimal wenden.

Pro Portion: 77 Kalorien, 1 g Protein, 3 g Kohlenhydrate, 7 g Gesamtfett, 1 g gesättigte Fette, 1 g Ballaststoffe, 4 mg Natrium

Marinierte Champignons

Aktive Zeit: 5 Minuten/Gesamtzeit: 15 Minuten

Für 4 Portionen

Die marinierten Pilze ergeben eine leckere Vorspeise oder eine Beilage zu Steak, Lachs oder gebackenem Huhn. Mit fein gehackten, frischen Kräutern wie Oregano oder Majoran kann man sie jederzeit abwandeln.

2 EL Olivenöl, extra vergine
500 g kleine, feste Champignons
125 ml italienische Vinaigrette **(siehe Seite 75)**

- Das Öl in einer großen Pfanne auf mittlerer Stufe erhitzen. Die Pilze mit Deckel in etwa acht Minuten weich dünsten, dabei gelegentlich umrühren. Die Vinaigrette hinzufügen und noch drei Minuten mitgaren, bis die Hälfte der Flüssigkeit verdampft ist.

Pro Portion: 260 Kalorien, 3 g Protein, 5 g Kohlenhydrate, 26 g Gesamtfett, 4 g gesättigte Fette, 1 g Ballaststoffe, 105 mg Natrium

Einsiedler-Champignons

Aktive Zeit: 10 Minuten/Gesamtzeit: 30 Minuten

Für 6 Portionen

Das Krebsfleisch mit Käse ist eine köstliche Füllung für die Champignons und macht schon als Vorspeise erstaunlich satt. Mit etwas Parmesankäse erzielt man auch ohne Semmelbrösel eine appetitliche Kruste.

1 Packung Tiefkühlspinat (300 g), aufgetaut, trocken gepresst, gehackt
1 Dose (180 g) Krebsfleisch, abgetropft
240 g Frischkäse oder abgetropfter Quark
1 Schalotte, gehackt
½ TL getrockneter Dill
½ TL Meersalz
2 EL geriebener Parmesan
12 große Champignons (oder Steinpilze), 8 bis 10 cm Durchmesser

- Den Ofen auf 200 °C vorheizen.
- Spinat, Krebsfleisch, Frischkäse, Schalotte, Gewürze und einen Esslöffel Parmesan in einer Schüssel verrühren.
- Die Stängel aus den Pilzen lösen. Die Pilze mit der Spinat-Krebs-Käse-Masse füllen und auf einem Backblech auslegen. Mit dem restlichen Parmesankäse bestreuen.
- 15 Minuten backen, bis die Pilze goldbraun sind.

Pro Portion: 227 Kalorien, 12 g Protein, 12 g Kohlenhydrate, 14 g Gesamtfett, 8 g gesättigte Fette, 3 g Ballaststoffe, 446 mg Natrium

KINDER-
FREUNDLICH

Spinatgratin

Aktive Zeit: 5 Minuten/Gesamtzeit: 20 Minuten

Für 4 Portionen

Dank der Extraportion Käse und dem cremigen Schmelz von Sahne und Butter schmeckt dieses Spinatgericht auch Kindern und skeptischen Ehepartnern.

Fett für die Form
1 EL Olivenöl, extra vergine
500 g frischer, junger Spinat
1 EL Butter
2 EL Doppelrahmfrischkäse
6 EL Schlagsahne
115 g geriebener Parmesan
¼ TL Meersalz
¼ TL schwarzer Pfeffer, gemahlen
4 EL Mandelmehl

- Den Grillrost in die Mitte des Backofens schieben und den Grill vorheizen. Eine Auflaufform leicht fetten.
- Das Öl in einer großen Pfanne auf mittlerer Stufe erhitzen. Den Spinat unter gelegentlichem Wenden in etwa vier Minuten weich dünsten, bis er vollständig zusammenfällt, dann an den Pfannenrand schieben. Butter, Frischkäse und Sahne in die Mitte der Pfanne geben und unter Rühren zwei Minuten

schmelzen lassen. Die Hälfte des Parmesans sowie Salz und Pfeffer hinzufügen und die Sauce mit dem Spinat verrühren. Alles in die Auflaufform gießen.

- Das Mandelmehl in einer separaten Schüssel mit dem restlichen Parmesan verrühren. Gleichmäßig über die Spinatmischung streuen und drei Minuten übergrillen, bis die Kruste anbräunt und der Spinat Blasen wirft.

Pro Portion: 277 Kalorien, 6 g Protein, 14 g Kohlenhydrate, 24 g Gesamtfett, 11 g gesättigte Fette, 6 g Ballaststoffe, 338 mg Natrium

KINDER-
FREUNDLICH

Spaghettikürbisnudeln

Aktive Zeit: 10 Minuten/Gesamtzeit: 15 Minuten

Für 4 Portionen

Als ich zum ersten Mal hörte, wie jemand Kürbis als Nudelersatz vorschlug, war ich skeptisch. Doch es funktioniert und ist eine gesunde Alternative!

2 große gelbe Spaghettikürbisse
1 EL Olivenöl, extra vergine
1 EL Butter
¼ TL Meersalz

- Mit einem Julienne- oder einem Spiralschneider das Mark der Kürbisse in streichholzkurze Stifte schneiden.
- Das Öl in einer großen Pfanne auf mittlerer Stufe erhitzen, bis es zischt. Die »Nudeln« unter Rühren zwei bis drei Minuten anbraten, bis sie leicht nachgeben (nicht überkochen!). Die Butter unterziehen und mit Salz abschmecken.

Pro Portion: 96 Kalorien, 3 g Protein, 8 g Kohlenhydrate, 7 g Gesamtfett, 2 g gesättigte Fette, 3 g Ballaststoffe, 129 mg Natrium

KINDER-
FREUNDLICH

Zucchininudeln

Aktive Zeit: 5 Minuten/Gesamtzeit: 10 Minuten

Für 4 Portionen

Zucchini eignen sich bestens als Nudelersatz. Am besten mit einem Julienne- oder Spiralschneider zubereiten, es geht aber auch mit einem scharfen Messer oder einem Sparschäler.

½ TL Meersalz
900 g Zucchini

- Zwei Liter Wasser mit dem Salz aufkochen.
- In der Zwischenzeit die Zucchini in lange, dünne, breite »Bandnudeln« schneiden. Die »Nudeln« ins kochende Wasser geben, die Hitze herunterschalten und zwei Minuten leicht kochen lassen. Durch ein Sieb abgießen und mit einer Sauce nach Wahl servieren.

Pro Portion: 39 Kalorien, 3 g Protein, 7 g Kohlenhydrate, 1 g Gesamtfett, 0 g gesättigte Fette, 2 g Ballaststoffe, 94 mg Natrium

Hinweis: Dieses Rezept lässt sich auch in der Pfanne zubereiten: Zwei Esslöffel Olivenöl in einer großen, beschichteten Pfanne auf mittlerer Stufe erhitzen. Die Zucchinibänder unter Rühren in drei bis vier Minuten al dente garen (nicht zu lange braten!). Einen Esslöffel Butter hinzugeben und die Zucchini darin wenden. Nach Belieben salzen.

KINDER-
FREUNDLICH

Zucchini-Tomaten-Pfanne

Aktive Zeit: 10 Minuten/Gesamtzeit: 30 Minuten

Für 4 Portionen

Falls dieses Gericht länger dauert als 30 Minuten: Das meiste davon ist Backzeit.

1 ½ EL Olivenöl
1 EL Rotweinessig
½ TL italienische Kräuter (siehe Seite 82)
½ TL Meersalz
2 gelbe Zucchini, längs halbiert und in ½ cm dicken Scheiben
1 grüne Zucchini, längs halbiert und in ½ cm dicken Scheiben
180 g Kirschtomaten, halbiert
6 EL geriebener Parmesan

- Den Grillrost in die untere Hälfte des Backofens schieben und den Ofen auf 210 °C vorheizen.
- Öl, Essig, Kräuter und Salz in einer großen Schüssel verrühren. Zucchini und Tomaten hinzugeben und gründlich wenden. Das Gemüse in einer Lage auf dem Backblech ausbreiten.
- In 20 Minuten goldbraun backen, dabei einmal wenden. Mit dem Käse bestreuen.

Pro Portion: 129 Kalorien, 5 g Protein, 11 g Kohlenhydrate, 8 g Gesamtfett, 2 g gesättigte Fette, 2 g Ballaststoffe, 337 mg Natrium

KINDER-
FREUNDLICH

Curryreis

Aktive Zeit: 10 Minuten/Gesamtzeit: 20 Minuten

Für 4 Portionen

Wer Curry liebt, wird auch diesen Reisersatz mögen, in dem Blumenkohl zu voller Form aufläuft. Noch würziger wird der »Reis« mit einem zusätzlichen Teelöffel Marokko-Gewürz (siehe Seite 81).

1 kleiner Blumenkohl, in Röschen
2 EL Olivenöl, extra vergine
1 Zwiebel, fein gehackt
1 Knoblauchzehe, zerdrückt
1 bis 2 TL Currypulver
½ TL Meersalz

- Den Blumenkohl grob raspeln. In eine mikrowellenfeste Schüssel geben, abdecken und auf hoher Stufe vier Minuten in der Mikrowelle garen (bis zur gewünschten Garstufe).
- Das Öl in einer Pfanne auf mittlerer Stufe erhitzen. Die Zwiebel darin anbraten. Knoblauch und Currypulver hinzugeben und vermengen.
- Den gedämpften Blumenkohl und das Salz hinzufügen, gründlich durchrühren und noch einmal erhitzen.

Pro Portion: 93 Kalorien, 2 g Protein, 6 g Kohlenhydrate, 7 g Gesamtfett, 1 g gesättigte Fette, 2 g Ballaststoffe, 218 mg Natrium

KINDER-
FREUNDLICH

Reispfanne mit Schweinefleisch

Aktive Zeit: 10 Minuten/Gesamtzeit: 25 Minuten

Für 6 Portionen

Dieses Gericht schmeckt wie im Chinarestaurant. Es enthält aber kein Natriumglutamat, keinen Weizen, keine Stärke und keinen Reis. Statt Schweinefleisch kann man hierfür natürlich auch Huhn, Rindfleisch, Shrimps oder andere Meeresfrüchte verwenden.

1 Blumenkohl, in Röschen
2 EL Kokosöl
4 Frühlingszwiebeln, in feinen Ringen
2 Knoblauchzehen, gehackt
2 Eier, verrührt
225 g Schweinefilet, in mundgerechten Stücken
4 EL Tamarisauce oder glutenfreie Sojasauce

- Mit der Küchenmaschine den Blumenkohl grob raspeln. In eine mikrowellenfeste Schüssel geben, abdecken und auf hoher Stufe vier Minuten in der Mikrowelle garen (bis zur gewünschten Garstufe).
- Einen Esslöffel Öl in einer großen Pfanne oder einem Wok auf mittlerer Stufe erhitzen. Die Frühlingszwiebeln und den Knoblauch darin zwei Minuten anbraten. Die Eier hinzufügen und unter ständigem Rühren leicht anbräunen. Die Eimischung mit den Zwiebeln in eine Schüssel umfüllen.

- Auf mittlere Stufe herunterschalten. Den zweiten Esslöffel Öl in die Pfanne oder den Wok geben. Das Schweinefleisch unter häufigem Wenden in etwa fünf Minuten braten. Tamari- oder Sojasauce, den gedünsteten Blumenkohl und die Eimischung hinzufügen und unter Rühren zwei Minuten gründlich durcherhitzen.

Pro Portion: 141 Kalorien, 13 g Protein, 6 g Kohlenhydrate, 7 g Gesamtfett, 5 g gesättigte Fette, 2 g Ballaststoffe, 702 mg Natrium

Hauptgerichte

KINDERFREUNDLICH

Taco-Wraps mit Salat

Aktive Zeit: 5 Minuten/Gesamtzeit: 15 Minuten

Für 4 Portionen

Leichte, aber köstliche mexikanische Wraps, zeitsparend gewürzt mit der fertigen Taco-Gewürzmischung. Nach Belieben dem Hackfleisch Zwiebelringe und grüne Paprika hinzufügen.

550 g Putenhackfleisch
1 TL Taco-Gewürz (siehe Seite 83)
250 ml Salsa
8 große Salatblätter
Für die Füllung: gehackte Avocado, geriebener Käse, gehackte Tomaten, saure Sahne oder Salsa

- Das Hackfleisch mit den Gewürzen in einer großen Pfanne auf mittlerer bis hoher Stufe fünf Minuten durchbraten, dabei mit einem großen Löffel aufbrechen. Auf mittlere Stufe herunterschalten, die Salsa unterrühren und drei Minuten garen, bis die Flüssigkeit weitgehend verdampft ist.
- Zum Servieren gleichmäßig auf die Salatblätter verteilen, nach Wunsch mit weiteren Zutaten verfeinern und aufrollen.

Pro Portion: 385 Kalorien, 31 g Protein, 15 g Kohlenhydrate, 22 g Gesamtfett, 8 g gesättigte Fette, 4 g Ballaststoffe, 450 mg Natrium

Steak Béarnaise

Aktive Zeit: 5 Minuten/Gesamtzeit: 15 Minuten

Für 4 Portionen

Ein französischer Klassiker mitten im weizenfreien Leben! Die feine, butterreiche Sauce Béarnaise macht ein gewöhnliches Steak zur Delikatesse.

Um Zeit zu sparen, habe ich die klassische Methode etwas beschleunigt. Dieses Rezept ist so einfach, dass man es zubereiten kann, während die Steaks braten.

4 Filets mignon oder Strip Steaks (je 180 g)
2 EL Olivenöl
¼ TL Meersalz
¼ TL schwarzer Pfeffer, gemahlen
1 EL Zitronensaft
2 TL Weißweinessig
1 Schalotte, gehackt
2 Eigelb
2 EL frischer Estragon, gehackt
125 g Butter, zerlassen

- Die Steaks mit Küchenkrepp von beiden Seiten trockentupfen. Beidseitig mit dem Öl bepinseln, salzen und pfeffern.
- Eine gut eingebratene gusseiserne Grillpfanne auf mittlerer bis hoher Stufe erhitzen. Die Steaks in sechs Minuten garen, dabei einmal wenden (für »medium-rare« auf dem Fleischthermometer 62 °C). Auf einen Teller legen.

- In der Zwischenzeit Zitronensaft, Essig, Schalotte, Eigelbe und einen Esslöffel Estragon im Mixer in 30 Sekunden cremig pürieren. Bei laufendem Mixer langsam und gleichmäßig die Butter hinzugießen und danach noch 30 Sekunden weitermixen. In eine Sauciere umfüllen und den restlichen Estragon unterziehen.
- Die Sauce zu den Steaks reichen.

Pro Portion: 567 Kalorien, 40 g Protein, 1 g Kohlenhydrate, 44 g Gesamtfett, 21 g gesättigte Fette, 0 g Ballaststoffe, 403 mg Natrium

KINDER-
FREUNDLICH

Asiatische Steakpfanne

Aktive Zeit: 15 Minuten/Gesamtzeit: 25 Minuten

Für 4 Portionen

Ein einfaches Pfannengericht mit Ingwer und Sesamöl, das eigentlich schon für sich stehen kann. Natürlich kann man es auch auf Shirataki-Nudeln oder »Curryreis« (siehe Seite 203) servieren.

2 EL Kokosöl
1 grüne Paprika, in Streifen
1 rote oder gelbe Paprika, in Streifen
1 süße Zwiebel, längs in dünne Streifen geschnitten
450 g saftiges Steak oder Rindergeschnetzeltes, in 1 cm dicken Scheiben
2 Knoblauchzehen, gehackt
1 EL frischer Ingwer, gerieben
2 EL Tamarisauce oder glutenfreie Sojasauce
2 TL Sesamöl

- Einen Esslöffel Kokosöl in einer großen Pfanne oder einem Wok auf hoher Stufe erhitzen. Paprika und Zwiebel in etwa drei Minuten bissfest braten. Auf einem Teller beiseitestellen.
- In derselben Pfanne den zweiten Esslöffel Öl erhitzen. Das Fleisch unter Rühren eine Minute anbraten. Knoblauch und Ingwer hinzugeben und zwei Minuten anbräunen. Tamari- oder Sojasauce und Sesamöl unterrühren. Die gegarten Paprika und

Zwiebelstreifen zurück in die Pfanne geben und eine Minute erhitzen, dabei mehrfach wenden.

Pro Portion: 270 Kalorien, 27 g Protein, 7 g Kohlenhydrate, 15 g Gesamtfett, 8 g gesättigte Fette, 2 g Ballaststoffe, 540 mg Natrium

KINDER-
FREUNDLICH

Bœuf Stroganoff

Aktive Zeit: 10 Minuten/Gesamtzeit: 30 Minuten

Für 4 Portionen

Hier wird der beliebte Klassiker von allen ungesunden Zusätzen befreit – ein Gericht für besondere Anlässe.

3 EL Butter
450 g Rinderlende, in ½ cm dicken Streifen
360 g kleine, feste Champignons, in Scheiben
3 Schalotten oder 1 große gelbe Zwiebel, in Ringen
2 Knoblauchzehen, gehackt
125 ml Rinderbrühe
¼ TL Meersalz
¼ TL schwarzer Pfeffer, gemahlen
225 g saure Sahne
1 EL Dijon-Senf

- Einen Esslöffel Butter in einer großen Pfanne auf mittlerer bis hoher Stufe zerlassen. Das Fleisch zwei Minuten scharf anbraten, dabei einmal wenden. Es soll von beiden Seiten braun sein, aber nur gerade eben gar. (Wenn nötig, portionsweise arbeiten.) Auf einem Teller beiseitestellen. Die Pfanne wieder auf mittlerer Stufe erhitzen.
- Die restlichen zwei Esslöffel Butter zerlassen, dann Pilze, Zwiebelringe und Knoblauch hinzufügen. Fünf Minuten garen, bis

die Zwiebeln weich sind und die Pilze zu saften beginnen. Das Rindfleisch und die Brühe unterziehen, salzen und pfeffern. Einmal aufkochen, dann die Hitzezufuhr drosseln, Deckel aufsetzen und zehn Minuten auf kleiner Stufe garen.

- Zum Schluss die saure Sahne und den Senf unterrühren und eine Minute mitkochen, bis alles schön heiß ist.

Pro Portion: 353 Kalorien, 29 g Protein, 6 g Kohlenhydrate, 24 g Gesamtfett, 13 g gesättigte Fette, 1 g Ballaststoffe, 406 mg Natrium

Kalbsschnitzel mit Zitronensauce

Aktive Zeit: 10 Minuten/Gesamtzeit: 30 Minuten

Für 4 Portionen

Auch in der weizenfreien Welt darf das »Wiener Schnitzel« keinesfalls fehlen. Für die Panade verwenden wir Mandelmehl und gemahlenen gelben Leinsamen. Wer mag, kann lockeren Blumenkohlbrei dazu servieren.

Kaufen Sie am besten gleich ganz dünne Kalbsschnitzel. Dickere werden vor dem Braten mit dem Fleischklopfer gleichmäßig auf ½ cm Dicke geklopft.

2 Eier
¾ TL Meersalz
¾ TL schwarzer Pfeffer, gemahlen
50 g Mandelmehl aus blanchierten Mandeln
80 g gemahlener gelber Leinsamen
½ TL Knoblauchpulver
4 Kalbsschnitzel (je 120 g), dünn geschnitten
2 EL Olivenöl, extra vergine
4 EL trockener Rotwein (oder Hühnerbrühe)
2 TL Zitronensaft
1 EL frische Petersilie, gehackt
2 EL Butter, gewürfelt, kalt

- Den Ofen auf 90 °C vorheizen.
- Die Eier in einem tiefen Teller mit je einem Viertel Teelöffel Salz und Pfeffer verrühren.

- In einem zweiten Teller oder einer Schüssel das Mandelmehl mit Leinsamen, Knoblauchpulver und je einem halben Teelöffel Salz und Pfeffer mischen.
- Ein Kalbsschnitzel in das Ei tunken, etwas abtropfen lassen und dann in der Panade wenden. Das fertig panierte Schnitzel auf einen Teller legen. Mit den restlichen Schnitzeln wiederholen.
- Das Öl in einer großen Pfanne auf mittlerer Stufe erhitzen. Die Schnitzel vier Minuten braten, bis sie goldbraun sind, dabei einmal wenden. Wenn nötig, noch etwas Öl hinzufügen. Die knusprigen Schnitzel auf ein Backblech legen und im Ofen warm halten.
- Wein oder Brühe und Zitronensaft in die Pfanne geben und mit einem Holzlöffel alle angebrannten Krusten lösen. Unter Rühren zwei Minuten kochen lassen, dann die Petersilie einrühren. Die Pfanne vom Herd nehmen und die Butter würfelweise einrühren, bis sie vollständig eingearbeitet ist. Die Sauce zu den Schnitzeln reichen.

Pro Portion: 387 Kalorien, 32 g Protein, 7 g Kohlenhydrate, 26 g Gesamtfett, 4 g gesättigte Fette, 6 g Ballaststoffe, 441 mg Natrium

KINDER-
FREUNDLICH

Barbecue Beef-Quesadillas

Aktive Zeit: 10 Minuten/Gesamtzeit: 30 Minuten

Für 4 Portionen

Wer möchte, bietet noch saure Sahne oder Guacamole (siehe Seite 60) dazu an.

2 EL Olivenöl, extra vergine
120 g Steak (Strip, Skirt oder Rib-Eye)
½ TL Meersalz
½ TL schwarzer Pfeffer, gemahlen
1 gelbe Zwiebel, geviertelt und in feinen Streifen
2 Knoblauchzehen, gehackt
1 grüne Paprika, entkernt und in feinen Streifen
80 ml Barbecuesauce (siehe Seite 61)
8 Tortillas (siehe Seite 52)
115 g kräftiger Hartkäse, geraspelt (Emmentaler, Cheddar)

- Einen Esslöffel Öl in einer großen Pfanne auf mittlerer Stufe erhitzen. Das Steak mit je einem Viertel Teelöffel Salz und Pfeffer würzen. Das Fleisch fünf Minuten anbraten, dabei einmal wenden. Es soll von beiden Seiten braun sein. Aus der Pfanne nehmen und fünf Minuten ruhen lassen, danach in dünne Streifen schneiden.
- Den zweiten Esslöffel Öl in die Pfanne geben. Die Zwiebel, den Knoblauch und die Paprika mit je einem Viertel Teelöffel Salz und Pfeffer unter gelegentlichem Wenden fünf Minuten anbraten,

bis die Zwiebel glasig ist und die Paprika weich wird. Vom Herd nehmen, das Fleisch hinzugeben und die Barbecuesauce unterrühren.

- Die Pfanne auswischen und erneut auf mittlerer Stufe erhitzen. Eine Tortilla in die Mitte legen. Einen Esslöffel Käse auf die Tortilla streuen und mit einem Viertel der Fleischmischung belegen. Einen weiteren Esslöffel Käse auf das Fleisch streuen und eine Tortilla obenauf legen. Zwei Minuten erhitzen, dabei einmal wenden, bis beide Tortillas goldbraun sind und der Käse geschmolzen ist. Auf einen Teller legen und zum Warmhalten einen Deckel darüber stülpen. Mit den restlichen Tortillas wiederholen.

Pro Portion: 579 Kalorien, 32 g Protein, 25 g Kohlenhydrate, 43 g Gesamtfett, 10 g gesättigte Fette, 14 g Ballaststoffe, 845 mg Natrium

Rindfleischeintopf

Aktive Zeit: 5 Minuten/Gesamtzeit: 30 Minuten

Für 4 Portionen

Auch ein anständiger Rindfleischeintopf benötigt keinerlei Weizen zum Binden. In diesem Rezept ergänzen wir nicht nur herzhaftes Gemüse, sondern auch ein wenig Rotwein.

450 g Rinderschulter, fingerdick gewürfelt
2 EL Kichererbsenmehl oder Kokosmehl
2 EL Olivenöl, extra vergine
1 l Rinderbrühe
500 g Tiefkühlgemüse (Brokkoli, Blumenkohl und Karotten)
2 TL italienische Kräuter (siehe Seite 82)
1 TL schwarzer Pfeffer, gemahlen
½ TL Meersalz
4 EL trockener Rotwein
3 EL Tomatenmark

- Das Fleisch und das Mehl in einen Zip-Beutel geben und gründlich schütteln.
- Das Öl in einem großen Topf auf mittlerer bis hoher Stufe erhitzen. Das Fleisch unter gelegentlichem Wenden in zehn Minuten von allen Seiten gründlich anbraten.
- Brühe, Gemüse, Kräuter, Pfeffer, Salz und Wein hinzufügen und alles zum Kochen bringen. Die Hitze herunterschalten und zehn Minuten leicht kochen lassen.

- Das Tomatenmark hinzufügen und rund fünf Minuten mitkochen, bis der Eintopf angedickt ist.

Pro Portion: 317 Kalorien, 30 g Protein, 14 g Kohlenhydrate, 13 g Gesamtfett, 3 g gesättigte Fette, 4 g Ballaststoffe, 502 mg Natrium

KINDER-
FREUNDLICH

Hackfleischtopf mit Kohl

Aktive Zeit: 5 Minuten/Gesamtzeit: 30 Minuten

Für 4 Portionen

Wer mag, kann dieses Gericht als Sauce zu »Curryreis« (siehe Seite 203) servieren.

1 EL Olivenöl
450 g Rinderhackfleisch
1 kleine Zwiebel, gehackt
1 große Dose Tomaten (400 g), gewürfelt
½ TL Meersalz
½ TL schwarzer Pfeffer, gemahlen
500 g Kohl, geraspelt
125 g saure Sahne (nach Belieben)

Das Öl in einem Schmortopf oder einer großen Pfanne mit Deckel auf mittlerer bis hoher Stufe erhitzen. Das Hackfleisch mit der Zwiebel fünf Minuten darin anbraten, dabei das Hackfleisch in kleine Brocken aufbrechen. Das Fleisch darf nicht mehr rosa sein, und die Zwiebel soll weich sein. Tomaten, Salz und Pfeffer unterrühren. Den Kohl und 125 Milliliter Wasser hinzufügen und unterrühren. Die Hitze herunterschalten, Deckel aufsetzen und unter gelegentlichem Umrühren 20 Minuten kochen lassen, bis der Kohl weich ist.

- Vom Herd nehmen und nach Belieben die saure Sahne unterrühren. Zum Schluss noch einmal mit Salz und Pfeffer abschmecken.

Pro Portion: 227 Kalorien, 26 g Protein, 8 g Kohlenhydrate, 10 g Gesamtfett, 2 g gesättigte Fette, 3 g Ballaststoffe, 374 mg Natrium

KINDER-
FREUNDLICH

Sloppy Joe

Aktive Zeit: 10 Minuten/Gesamtzeit: 30 Minuten

Für 4 Portionen

Kinder lieben dieses Gericht! Das weizenfreie Brot (zum Beispiel die Sandwich-Brötchen, siehe Seite 46) am besten vorab backen. Dann kann man mit der Sauce jederzeit ein Brot belegen. Wenn Sie die Brötchen erst bei Bedarf aus Allzweckmehl (siehe Seite 40) zubereiten, sollten Sie für die Herstellung zehn Minuten extra einplanen. Die Brötchen können dann backen, während die Hackfleischsauce vor sich hin kocht.

450 g Rinderhackfleisch
1 kleine Zwiebel, gehackt
1 grüne Paprika, fein gehackt
2 Knoblauchzehen, zerdrückt, oder 1 TL Knoblauchpulver
1 Dose Tomatensauce (240 g)
125 ml Barbecuesauce (siehe Seite 61)
½ TL Meersalz

- Das Hackfleisch in einer großen Pfanne auf mittlerer bis hoher Stufe fünf Minuten durchbraten. Zwiebel, Paprika und Knoblauch hinzufügen und das Gemüse in fünf Minuten weich kochen. Abgießen.

- Die Hitze auf kleine bis mittlere Stufe herunterschalten und die Tomatensauce, die Barbecuesauce und das Salz unterrühren. Deckel aufsetzen und zehn Minuten leicht kochen lassen.

Pro Portion: 301 Kalorien, 23 g Protein, 13 g Kohlenhydrate, 18 g Gesamtfett, 7 g gesättigte Fette, 2 g Ballaststoffe, 728 mg Natrium

KINDER-
FREUNDLICH

Poblano-Rindfleisch-Tortilla

Aktive Zeit: 10 Minuten/Gesamtzeit: 20 Minuten

Für 4 Portionen

In diesem Rezept verbinden sich die mexikanischen Aromen von Taco-Gewürz und einer Poblano-Chili, das Ganze natürlich mit Käse garniert.

Nach Belieben mit weiteren Tortillazutaten aufpeppen: geraspeltem Salat, saurer Sahne, gehackter Avocado oder frischen, gehackten Tomaten.

2 EL Olivenöl, extra vergine
1 Zwiebel, fein gehackt
1 Poblano-Chili, fein gehackt
(beim Verarbeiten Einmalhandschuhe tragen)
2 Knoblauchzehen, gehackt
330 g Rinderhackfleisch
1 EL Taco-Gewürz (siehe Seite 83)
½ TL Meersalz
1 große Tomate, gehackt
4 Tortillas (siehe Seite 52)
115 g kräftiger Hartkäse, geraspelt
(Emmentaler, Cheddar)

- Das Öl in einer großen Pfanne auf mittlerer Stufe erhitzen. Zwiebel, Chili und Knoblauch drei Minuten anbraten. Das Hackfleisch, Taco-Gewürz und Salz hinzufügen und unter Rühren drei Minuten vollständig durchgaren.
- Die Tomate unterrühren, Deckel aufsetzen und zwei Minuten erhitzen. Die Fleischfüllung gleichmäßig auf die vier Tortillas verteilen, mit je vier Esslöffeln Käse bestreuen und zusammenfalten.

Pro Portion: 641 Kalorien, 41 g Protein, 17 g Kohlenhydrate, 47 g Gesamtfett, 17 g gesättigte Fette, 8 g Ballaststoffe, 881 mg Natrium

KINDER-
FREUNDLICH

Mediterrane Lammfrikadellen

Aktive Zeit: 10 Minuten/Gesamtzeit: 20 Minuten

Für 4 Portionen

Diese Frikadellen sind dank der Minze und der marokkanischen Gewürzmischung geschmacklich unvergleichlich. Tsatsiki (siehe Seite 64) passt dazu besonders gut.

450 g Lammhackfleisch
1 große Knoblauchzehe, fein gehackt
1 kleine Zwiebel, gerieben
1 TL getrocknete Minze
¾ TL Meersalz
1 ½ TL Marokko-Gewürz (siehe Seite 81)
1 Ei
2 EL Olivenöl, extra vergine

- Das Lammfleisch in einer Schüssel mit Knoblauch, Zwiebel, Minze, Salz, Gewürzmischung und Ei gründlich verkneten und vier Frikadellen daraus formen.
- Das Öl in einer großen Pfanne auf mittlerer Stufe erhitzen. Die Frikadellen acht Minuten braten, dabei einmal wenden (für »medium« auf dem Fleischthermometer 71 °C).

Pro Portion: 340 Kalorien, 21 g Protein, 5 g Kohlenhydrate, 26 g Gesamtfett, 12 g gesättigte Fette, 1 g Ballaststoffe, 394 mg Natrium

KINDER-
FREUNDLICH

Gegrillte Schweinelende

Aktive Zeit: 5 Minuten/Gesamtzeit: 20 Minuten

Für 4 Portionen

1 EL Cajun-Gewürz (siehe Seite 84)
1 TL Meersalz
1 Schweinelende (knapp 700 g)
250 ml Barbecuesauce (siehe Seite 61)

- Den Grillrost fetten. Einen Gasgrill auf mittlere bis hohe Stufe stellen. Bei Zubereitung im Backofen den Rost 15 bis 20 cm unter die Hitzequelle einsetzen und den Grill vorheizen.
- Gewürzmischung und Salz mischen.
- Silbrige Häutchen vom Fleisch entfernen, nicht aber das gesunde Fett. Das Fleisch mit dem Gewürzsalz einreiben. Die Hälfte der Barbecuesauce in einer Schale beiseitestellen.
- Das Fleisch auf den Grillrost legen und acht Minuten grillen, dabei einmal wenden. Mit der anderen Hälfte der Barbecuesauce einpinseln und weitere sieben Minuten grillen, dabei erneut einmal wenden. Ein in die Mitte eingestochenes Bratenthermometer sollte 71 °C anzeigen, und der Bratensaft klar sein.
- In Scheiben schneiden und Barbecuesauce dazu reichen.

Pro Portion: 222 Kalorien, 36 g Protein, 8 g Kohlenhydrate, 4 g Gesamtfett, 1 g gesättigte Fette, 1 g Ballaststoffe, 753 mg Natrium

Schweinemedaillons mit Senf

Aktive Zeit: 10 Minuten/Gesamtzeit: 25 Minuten

Für 4 Portionen

Bei diesem Rezept mit Dijon-Senf und Weißwein werden Ihre Gäste denken, dass Sie stundenlang in der Küche gestanden haben. Das Fett von der Schweinelende nicht abschneiden, denn es bringt viel Geschmack.

2 EL Olivenöl, extra vergine
1 Schweinelende (knapp 700 g); 1,5 bis 2 cm dick aufgeschnitten
1 Schalotte, gehackt
250 g Champignons, in feinen Scheiben
4 EL Dijon-Senf
4 EL Schlagsahne oder Kokosmilch
2 EL Weißwein
½ TL Meersalz

- Das Öl in einer großen Pfanne auf hoher Stufe erhitzen. Die Fleischscheiben (eventuell portionsweise) vier Minuten darin anbraten, dabei einmal wenden. Sie sollen appetitlich braun sein. Das Fleisch auf einen Teller geben.
- Auf mittlere Stufe herunterschalten. Die Schalotte mit den Pilzen unter Rühren fünf Minuten garen, bis die Pilze weich werden. Senf, Sahne oder Kokosmilch, Wein und Salz unterrühren. Vier Minuten garen und dabei gelegentlich rühren, bis eine feine Sauce entstanden ist. Die Schweinemedaillons wieder in

die Pfanne legen, Deckel aufsetzen und noch fünf Minuten garen, bis alle Aromen sich verbunden haben und das Fleisch vollständig gegart ist.

Pro Portion: 353 Kalorien, 38 g Protein, 10 g Kohlenhydrate, 16 g Gesamtfett, 6 g gesättigte Fette, 1 g Ballaststoffe, 657 mg Natrium

KINDER-
FREUNDLICH

Italienisches Schweinefilet

Aktive Zeit: 10 Minuten/Gesamtzeit: 30 Minuten

Für 4 Portionen

Dieses Gericht dauert eventuell fünf Minuten länger als unsere 30-Minuten-Vorgabe, dafür lässt sich aus den Resten ein schnelles Mittagessen oder Frühstück zaubern. Schweinefilet ist ein sehr begehrtes Stück Fleisch, das bereitwillig das Aroma aller Kräuter und Gewürze annimmt, in denen es gegart wird. Bei diesem Gericht verwenden wir italienische Kräuter. Für ein optimales Geschmackserlebnis das Fett nicht abschneiden.

2 EL Olivenöl, extra vergine
700 g Schweinefilet
4 Knoblauchzehen, gehackt
1 Dose (420 g) Artischockenherzen, abgetropft, geviertelt
1 rote Paprika, in Streifen
1 große Zwiebel, halbiert und in Ringen
2 TL italienische Kräuter (siehe Seite 82)

- Das Öl in einer großen Pfanne auf mittlerer Stufe erhitzen. Das Fleisch unter gelegentlichem Wenden 15 Minuten braten, bis ein in die Mitte eingestochenes Bratenthermometer 71 °C anzeigt und der Bratensaft klar ist. Auf einen Teller setzen und mit Alufolie abdecken, damit es warm bleibt.

- Auf mittlere Stufe herunterschalten. Unter gelegentlichem Rühren den Knoblauch mit den Artischocken, der Paprika, der Zwiebel und den Kräutern zehn Minuten garen, bis die Zwiebel weich ist. Das Gemüse zum Fleisch reichen.

Pro Portion: 310 Kalorien, 38 g Protein, 14 g Kohlenhydrate, 11 g Gesamtfett, 2 g gesättigte Fette, 3 g Ballaststoffe, 494 mg Natrium

Sriracha-Auberginentopf

Aktive Zeit: 10 Minuten/Gesamtzeit: 30 Minuten

Für 4 Portionen

Ein Gericht für alle, die es scharf lieben. Sriracha-Sauce verleiht Schweinefleisch und Auberginen einen unvergleichlichen Geschmack. Achtung: Die angegebene Menge ist *wirklich* scharf! Mit nur einem Esslöffel Sriracha schmeckt der Auberginentopf nicht ganz so feurig.

3 EL Olivenöl, extra vergine, oder Kokosöl
700 g Schweinefilet, in mundgerechten Stücken
1 mittelgroße Aubergine, geschält und gewürfelt
1 große gelbe Zwiebel, halbiert und in dünnen Ringen
1 große grüne Paprika, in dünnen Streifen
2 bis 4 EL Sriracha-Sauce

- Einen Esslöffel Öl in einem großen Topf auf mittlerer bis hoher Stufe erhitzen. Das Schweinefleisch fünf Minuten anbraten, dabei gelegentlich wenden. Auf einen Teller legen.
- Das restliche Öl in die Pfanne geben. Die Aubergine, die Zwiebel und die Paprika unter Rühren drei Minuten anschwitzen. Sriracha-Sauce, 125 Milliliter Wasser, das Fleisch und den gesammelten Bratensaft unterrühren. Die Hitze herunterschal-

ten, den Deckel aufsetzen und zehn Minuten auf mittlerer Stufe garen, bis das Gemüse weich und das Fleisch vollständig durchgegart ist.

Pro Portion: 345 Kalorien, 38 g Protein, 15 g Kohlenhydrate, 15 g Gesamtfett, 3 g gesättigte Fette, 5 g Ballaststoffe, 247 mg Natrium

KINDER-
FREUNDLICH

Schweinemedaillons mit Apfelsauce

Aktive Zeit: 10 Minuten/Gesamtzeit: 25 Minuten

Für 4 Portionen

Ein Schweinefleischgericht für Fest- oder Verwöhntage. Der fruchtige Apfelgeschmack verleiht dem Fleisch zusammen mit Thymian und Butter eine köstlich saftige Note. Bitte kein Fett vom Fleisch abschneiden, sonst geht ein Teil des Geschmacks verloren.

Als Beilage empfiehlt sich beispielsweise Butterkohl (siehe Seite 190).

125 g Mandelmehl
¼ TL Meersalz
¼ TL getrockneter Thymian
700 g Schweinefilet, in ½ bis 1 cm dicken Scheiben
2 EL Olivenöl, extra vergine
2 EL Butter
1 Schalotte, gehackt
250 ml Apfelsaft
2 EL Apfelessig

- Mandelmehl, Salz und Thymian auf einem Teller mischen. Das Fleisch in der Panade wenden, überschüssige Reste abschütteln.
- Das Öl in einer großen Pfanne auf mittlerer Stufe erhitzen. Die Schnitzel in etwa drei Minuten goldbraun backen, dabei einmal

wenden. Auf einen Teller setzen und zum Warmhalten mit Alufolie abdecken.

- In derselben Pfanne einen Esslöffel Butter zerlassen. Die Schalotte unter Rühren eine Minute garen, bis sie nachgibt. Apfelsaft und Essig hinzufügen, zwei Minuten kochen und unter Rühren alle angebrannten Krusten vom Pfannenboden lösen. Auf kleine bis mittlere Hitze herunterschalten und noch fünf Minuten kochen, bis die Hälfte der Flüssigkeit verdampft ist. Den zweiten Esslöffel Butter unterziehen.
- Das Fleisch mit allem Bratensaft wieder in die Pfanne legen und noch einmal eine Minute gut durcherhitzen.

Pro Portion: 421 Kalorien, 39 g Protein, 13 g Kohlenhydrate, 24 g Gesamtfett, 6 g gesättigte Fette, 2 g Ballaststoffe, 247 mg Natrium

Jambalaya

Aktive Zeit: 15 Minuten/Gesamtzeit: 30 Minuten

Für 4 Portionen

Ein Eintopf aus dem Karibikraum, der dank Cajun-Gewürz eigentlich allen schmeckt. Trotzdem dauert die Zubereitung nicht lang.

Dazu passt beispielsweise gedämpftes Gemüse, oder man krönt damit Curryreis (siehe Seite 203).

3 EL Olivenöl, extra vergine, oder Kokosöl
1 gelbe Zwiebel, fein gehackt
2 Knoblauchzehen, gehackt
1 Jalapeño-Chili, fein gehackt (beim Verarbeiten Einmalhandschuhe tragen)
450 g Andouille (Kochwurst), in Scheiben
250 g Hühnerbrust, mundgerecht gewürfelt
1 bis 2 EL Cajun-Gewürz (siehe Seite 84)
1 große Dose Tomaten (400 g), gewürfelt
1 Packung (180 g) frischer Feldsalat oder junger Spinat

- Zwei Esslöffel Öl in einer großen Pfanne auf mittlerer Stufe erhitzen. Die Zwiebel mit Knoblauch und Chili in etwa drei Minuten weich braten.
- Den letzten Esslöffel Öl in die Pfanne geben. Wurstscheiben und Huhn hinzufügen. Deckel aufsetzen und unter gelegentlichem Rühren fünf Minuten garen, bis das Huhn und die Wurst fast gar sind. Gewürze, Tomaten (mit Saft) und Salat oder

Spinat hinzufügen. Deckel aufsetzen und unter gelegentlichem Rühren auf kleiner bis mittlerer Stufe fünf Minuten fertig garen.

Pro Portion: 443 Kalorien, 34 g Protein, 14 g Kohlenhydrate, 28 g Gesamtfett, 8 g gesättigte Fette, 4 g Ballaststoffe, 1237 mg Natrium

KINDER-
FREUNDLICH

Gefüllte Paprika

Aktive Zeit: 10 Minuten/Gesamtzeit: 30 Minuten

Für 4 Portionen

Ich liebe gefüllte Paprika, aber das Backen dauert mir zu lange, und die übliche Portion Kohlenhydrate ist mir zu groß. In diesem Rezept werden die grünen Paprika getreidefrei gefüllt und zeitsparend zubereitet. Die Mischung ist so soßig, dass sie gut zu Shirataki-Spaghetti oder Blumenkohlreis passt.

2 EL Olivenöl, extra vergine
450 g Mett oder Wurstbrät
1 kleine gelbe Zwiebel, fein gehackt
2 Knoblauchzehen, gehackt
1 TL italienische Kräuter (siehe Seite 82)
1 große Dose Tomaten (400 g), gewürfelt
480 ml Marinarasauce (siehe Seite 58), oder 1 Glas gekaufte Sauce
4 grüne Paprikas, entstielt und ausgehöhlt

- Den Ofen auf 190 °C vorheizen.
- Das Öl in einer großen Pfanne auf mittlerer Stufe erhitzen. Die Wurstmischung mit Zwiebel, Knoblauch und Kräutern in etwa fünf Minuten anbraten, bis das Fleisch braun und die Zwiebel weich ist. Die Tomaten (mit Saft) und die Hälfte der Sauce unterrühren, Deckel aufsetzen und fünf Minuten kochen lassen.

- Die Paprika in eine mikrowellenfeste Glasschüssel oder Auflaufform setzen. Einen Esslöffel Wasser hinzufügen und auf hoher Stufe fünf Minuten in der Mikrowelle sehr weich garen.
- Die Tomatenmischung in die Paprikas füllen und mit der restlichen Marinarasauce umgießen. Zehn Minuten im Ofen backen, bis alles schön heiß ist.

Pro Portion: 318 Kalorien, 22 g Protein, 21 g Kohlenhydrate, 17 g Gesamtfett, 5 g gesättigte Fette, 5 g Ballaststoffe, 1475 mg Natrium

KINDER-
FREUNDLICH

Paprikapizza

Aktive Zeit: 5 Minuten/Gesamtzeit: 25 Minuten

Für 4 Portionen

Eigentlich handelt es sich um eine Variante der gefüllten Paprika, aber es schmeckt und riecht wie Pizza. Variieren Sie mit Rinder- oder Putenhackfleisch statt des Wurstbräts und dazu Kräuter der Provence, oder würzen Sie mit Taco-Gewürz (siehe Seite 83), und verwenden Sie statt Mozzarella einen kräftigen, geriebenen Ziegenhartkäse.

2 EL Olivenöl, extra vergine
450 g Wurstbrät oder Mett
375 ml zuckerfreie Pizzasauce
4 große gelbe Paprika, halbiert
150 g Mozzarella, gerupft

- Den Ofen auf 190 °C vorheizen.
- Das Öl in einer großen Pfanne auf mittlerer Stufe erhitzen. Das Brät unter häufigem Wenden etwa fünf Minuten anbraten. Die Pizzasauce unterrühren, Deckel aufsetzen und fünf Minuten leicht garen lassen.
- In der Zwischenzeit die Paprika in zwei mikrowellenfeste Glasschüsseln oder Auflaufformen setzen. Je einen Esslöffel Wasser hinzufügen und auf hoher Stufe fünf Minuten in der Mikrowelle weich garen.

- Die Pizzasaucenmischung gleichmäßig in die Paprika füllen. Mit Käse bestreuen und fünf Minuten überbacken, bis der Käse schmilzt.

Pro Portion: 393 Kalorien, 30 g Protein, 21 g Kohlenhydrate, 23 g Gesamtfett, 8 g gesättigte Fette, 5 g Ballaststoffe, 1290 mg Natrium

Pizza mit Käse, Schinken und Oliven

Aktive Zeit: 10 Minuten/Gesamtzeit: 30 Minuten

Für 4 Portionen

Eine Geschmackskombination, die eher von Erwachsenen bevorzugt wird. Kinder mögen statt des Parmaschinkens meist lieber Salamistreifen oder Wurstscheiben und statt Provolone etwas mehr Mozzarella.

Falls es etwas länger dauert als 30 Minuten – das meiste davon ist Backzeit.

Pizzaboden:
300 g Allzweckmehl (siehe Seite 40)
75 g Mozzarella, gerupft
1 Ei
2 EL Olivenöl, extra vergine

Belag:
60 g Provolone-Käse, fein gewürfelt
75 g Mozzarella, gerupft
160 ml zuckerfreie Pizzasauce
60 g Parmaschinken, in 1 cm großen Stücken
40 g schwarze Oliven, entsteint, halbiert
1 TL Chiliflocken (nach Belieben)

- Den Ofen auf 200 °C vorheizen. Ein Backblech mit Backpapier auslegen.
- **Für den Boden:** Das Allzweckmehl mit dem Käse mischen. Ei, Öl und 125 Milliliter Wasser in einer separaten Schüssel verrühren. In die Käse-Mehl-Mischung gießen und gut verkneten.
- Den Teig auf das Backblech legen und mit feuchten Händen eine runde Pizza von 30 cm Durchmesser mit Rand formen. Zehn Minuten backen. Den Backofen auf 175 °C herunterschalten.
- **Für den Belag:** Provolone und Mozzarella in einer kleinen Schüssel gut verrühren. Den Pizzaboden aus dem Ofen nehmen und mit der Sauce, der Käsemischung, Schinken, Oliven und eventuell Chiliflocken belegen. Zehn Minuten backen, bis der Käse geschmolzen ist.

Pro Portion: 703 Kalorien, 31 g Protein, 24 g Kohlenhydrate, 58 g Gesamtfett, 11 g gesättigte Fette, 12 g Ballaststoffe, 1288 mg Natrium

Marokko-Huhn mit gerösteter Paprika

Aktive Zeit: 10 Minuten/Gesamtzeit: 30 Minuten

Für 4 Portionen

Dank der exotischen Gewürze der marokkanischen Mischung schmeckt dieses Gericht, als hätte man stundenlang am Herd geschuftet. Dabei ist die Hähnchenpfanne in nur 30 Minuten fertig.

1 EL Marokko-Gewürz (siehe Seite 81)
1 TL Meersalz
4 halbe Hähnchenbrüste
4 EL Olivenöl, extra vergine
1 gelbe Zwiebel, geviertelt und in Streifen
250 g kleine, feste Champignons, geviertelt
1 Glas (210 g) geröstete rote Paprika, abgetropft und in 1 cm dicken Scheiben

- Gewürzmischung und Salz mischen und mit der Hälfte davon die Hähnchenbrüste einreiben.
- Zwei Esslöffel Öl in einer großen Pfanne auf mittlerer Stufe erhitzen. Das Fleisch fünf Minuten kräftig anbraten, dabei einmal wenden. Auf einem Teller beiseitestellen.
- Das restliche Öl, die Zwiebel, die Pilze und den Rest der Gewürzsalzmischung in die Pfanne geben. Fünf Minuten erhitzen, bis das Gemüse angebräunt ist.
- Die Hähnchenbrüste und jetzt auch die Paprikastreifen in die Pfanne geben. Auf kleine bis mittlere Stufe herunterschalten, Deckel aufsetzen und zehn Minuten garen. Ein in die Mitte eingestochenes Bratenthermometer sollte 74 °C anzeigen, der Bratensaft muss klar sein.

Pro Portion: 354 Kalorien, 38 g Protein, 8 g Kohlenhydrate, 19 g Gesamtfett, 3 g gesättigte Fette, 2 g Ballaststoffe, 620 mg Natrium

KINDER-
FREUNDLICH

Gebackene Hähnchenschenkel

Aktive Zeit: 5 Minuten/Gesamtzeit: 25 Minuten

Für 8 Portionen

Chicken Wings schafft man in 30 Minuten nicht, aber für Hähnchenschenkel (nur das Fleisch, ohne Knochen) reicht die Zeit. Wenn Sie lieber auf geringeren Temperaturen garen, können Sie das Fleisch auch vor dem Backen in die Sauce tunken. Zu Chicken Wings schmeckt die Sauce natürlich auch! Statt mit der pikanten Butter, können Sie die Schenkel vor dem Backen mit Barbecuesauce (siehe Seite 61) oder Ingwer-Miso-Sauce (siehe Seite 63) bestreichen.

Servieren Sie dazu Ranch-Dressing (siehe Seite 70).

1,4 kg Hähnchenschenkel ohne Knochen
½ TL Meersalz
½ TL schwarzer Pfeffer, gemahlen
4 EL Butter, zerlassen
4 EL Chilisauce, scharf

- Den Ofen auf 220 °C vorheizen.
- Das Fleisch auf ein Backblech legen. Mit Salz und Pfeffer würzen. 20 Minuten backen, bis ein in die Mitte eingestochenes Bratenthermometer 74 °C anzeigt und der Bratensaft klar ist.

- In der Zwischenzeit die zerlassene Butter mit der Chilisauce verrühren und das heiße Hähnchenfleisch darin wenden.

Pro Portion: 509 Kalorien, 66 g Protein, 0 g Kohlenhydrate, 26 g Gesamtfett, 11 g gesättigte Fette, 0 g Ballaststoffe, 1072 mg Natrium

Scharfes Thai-Huhn

Aktive Zeit: 10 Minuten/Gesamtzeit: 30 Minuten

Für 4 Portionen

Dieses Thaicurry kann beliebig scharf ausfallen, je nachdem, wie viel Currypaste man hinzugibt.

Beim Gemüse können Sie fröhlich tauschen oder ergänzen, ob mit Zucchinischeiben, Karotten oder frischen Erbsen. Und statt Hähnchenfleisch schmeckt hier auch Schwein oder Rind.

2 EL Kokosöl
700 g Hähnchenbrust, in fingerdicken Streifen
3 Knoblauchzehen, gehackt
5 Frühlingszwiebeln, gehackt
1 rote Paprika, in dünnen Streifen
125 g Shiitake-Pilze, in Scheiben
1 Dose (240 g) Bambussprossen, in Streifen, abgetropft
180 ml Thai Red Curry-Sauce (siehe Seite 62)
4 EL Koriander, gehackt

- Das Öl in einer großen Pfanne auf mittlerer Stufe erhitzen. Das Fleisch fünf Minuten von allen Seiten anbraten, aber nicht voll durchgaren. Auf einem Teller beiseitestellen.
- Knoblauch, Frühlingszwiebeln, Paprika, Pilze und Bambus in die Pfanne geben. Unter ständigem Rühren drei Minuten garen, bis die Paprika leicht gebräunt ist. Das Fleisch samt Bratsaft hinzufügen, außerdem die Currysauce. Das Fleisch locker unterziehen, es muss nicht mit Flüssigkeit bedeckt sein. Auf mittlere

Stufe herunterschalten, Deckel aufsetzen und unter gelegentlichem Umrühren zehn Minuten kochen lassen, bis das Huhn gar ist.

- Zum Schluss den Koriander unterrühren.

Pro Portion: 490 Kalorien, 41 g Protein, 12 g Kohlenhydrate, 32 g Gesamtfett, 25 g gesättigte Fette, 4 g Ballaststoffe, 566 mg Natrium

KINDER-
FREUNDLICH

Asiapfanne mit Huhn und Ingwer

Aktive Zeit: 5 Minuten/Gesamtzeit: 25 Minuten

Für 4 Portionen

Ein Huhngericht mit typisch asiatischer Note, das dank der fertigen Würzsauce kaum vorbereitet werden muss. Als Beilagen eignen sich gedünsteter Spinat, Shirataki-Nudeln oder Blumenkohlreis.

3 EL Olivenöl, extra vergine, oder Kokosöl
700 g Hähnchenschnitzel
4 Frühlingszwiebeln, in feinen Ringen
250 g Shiitake-Pilze, in Scheiben
125 ml Ingwer-Miso-Sauce **(siehe Seite 63)**

- Zwei Esslöffel Öl in einer Pfanne auf mittlerer bis hoher Stufe erhitzen. Das Fleisch zwei Minuten anbraten, dabei einmal wenden. Auf einen Teller geben.
- Auf mittlere Stufe herunterschalten. Das restliche Öl in die Pfanne geben. Die Zwiebeln mit den Pilzen unter Rühren zwei Minuten garen, bis die Pilze leicht anbräunen. Das Fleisch auf das Gemüse legen und mit der Ingwersauce begießen. Deckel aufsetzen und zehn Minuten garen, dabei einmal wenden, bis das Fleisch vollständig durchgebacken und der Saft klar ist.

Pro Portion: 412 Kalorien, 39 g Protein, 8 g Kohlenhydrate, 24 g Gesamtfett, 3 g gesättigte Fette, 3 g Ballaststoffe, 492 mg Natrium

KINDER-
FREUNDLICH

Hähnchenschnitzel in Pekankruste

Aktive Zeit: 10 Minuten/Gesamtzeit: 25 Minuten

Für 4 Portionen

Pekanmehl ist gar nicht so leicht zu finden. Mahlen Sie die Pekankerne einfach mit einer Küchenmaschine oder Kaffeemühle.

125 g gemahlene Pekannüsse
¼ TL Meersalz
2 EL Butter, zerlassen
1 EL zuckerfreier Ahornsirup
450 g Hähnchenschnitzel
1 EL Butter
1 EL Olivenöl

- Das Pekanmehl in einem tiefen Teller mit dem Salz mischen. In einem zweiten Teller die zerlassene Butter mit dem Sirup verrühren. Die Hähnchenschnitzel einzeln in die süße Butter tunken und von beiden Seiten gleichmäßig überziehen. In der Nusspanade wenden und diese gleichmäßig von beiden Seiten andrücken.
- Butter und Öl in einer großen Pfanne auf mittlerer Stufe erhitzen. Die Hähnchenschnitzel acht Minuten braten, dabei einmal wenden, bis das Fleisch vollständig durchgebacken und der Saft klar ist.

Pro Portion: 290 Kalorien, 25 g Protein, 2 g Kohlenhydrate, 20 g Gesamtfett, 7 g gesättigte Fette, 1 g Ballaststoffe, 353 mg Natrium

KINDER-
FREUNDLICH

Barbecue-Huhn im Speckmantel

Aktive Zeit: 10 Minuten/Gesamtzeit: 25 Minuten

Für 4 Portionen

Ein schnelles, einfaches und ausgewogenes Essen für die ganze Familie. Durch den Speck schmeckt das Barbecue-Huhn sogar zum Frühstück (falls noch etwas übrig bleibt).

4 halbe Hähnchenbrüste
12 Scheiben Frühstücksspeck (Bacon)
125 g Kirschtomaten, halbiert
8 Frühlingszwiebeln, in länglichen Stücken
⅛ TL Meersalz
125 ml Barbecuesauce (siehe Seite 61)

- Den Grillrost 15 cm unter dem Backofengrill einsetzen und den Grill vorheizen. Ein Backblech mit Alufolie auskleiden.
- Jede halbe Hähnchenbrust mit drei Scheiben Speck umwickeln und auf das Backblech legen.
- Sechs Minuten grillen, bis der Speck kross wird. Aus dem Ofen nehmen und das Fleisch wenden. Die Tomaten und die Frühlingszwiebeln um das Fleisch verteilen und alles salzen. Wieder in den Ofen schieben und weitere sechs Minuten grillen. Der Speck soll am Ende durchgegart sein und ein Bratthermometer an der dicksten Stelle des Fleisches 74 °C anzeigen. Der Bratensaft muss klar sein.

- Jede halbe Brust mit zwei Teelöffeln Barbecuesauce beträufeln, das Gemüse wenden und noch eine Minute grillen.

Pro Portion: 545 Kalorien, 45 g Protein, 11 g Kohlenhydrate, 37 g Gesamtfett, 13 g gesättigte Fette, 2 g Ballaststoffe, 875 mg Natrium

Karibische Hähnchenschnitzel

Aktive Zeit: 5 Minuten/Gesamtzeit: 25 Minuten

Für 4 Portionen

Eine hervorragende Ergänzung zu diesem Gericht wäre ein Spinatgratin (siehe Seite 198).

3 EL Mayonnaise (siehe Seite 66 oder gekauft)
2 EL Mandelmehl
1 EL Cajun-Gewürz (siehe Seite 84)
1 TL Sriracha- oder Chilisauce (nach Belieben)
½ TL Meersalz
4 halbe Hähnchenbrüste
Spinatgratin (nach Belieben, siehe Seite 198)

- Den Ofen auf 220 °C vorheizen.
- Mayonnaise, Mandelmehl, Gewürzmischung, eventuell Sriracha oder Chilisauce sowie das Salz in einer kleinen Schüssel verrühren.
- Die Hähnchenbrüste auf ein mit Backpapier ausgelegtes Backblech legen und mit der Mayonnaise bestreichen.
- 15 Minuten backen, bis das Bratenthermometer 74 °C anzeigt und der Bratensaft klar ist. Wenn ein höherer Bräunungsgrad gewünscht ist, noch zwei bis drei Minuten übergrillen.
- Das Spinatgratin kann während der Backzeit zubereitet werden.

Pro Portion: 263 Kalorien, 31 g Protein, 2 g Kohlenhydrate, 14 g Gesamtfett, 2 g gesättigte Fette, 1 g Ballaststoffe, 517 mg Natrium

KINDER-
FREUNDLICH

Hähnchen-Piccata

Aktive Zeit: 5 Minuten/Gesamtzeit: 30 Minuten

Für 4 Portionen

Für Piccata wird Fleisch normalerweise in Scheiben geschnitten, paniert und in einer pikanten Sauce angebraten. Das geht natürlich auch weizenfrei und damit gesünder. Den typisch italienischen Geschmack, der zu gedünstetem grünen Gemüse, in Butter geschmorten Pilzen oder »Curryreis« (siehe Seite 203) gleichermaßen passt, zaubern wir mit Olivenöl, Zitrone, Kapern und Butter.

Statt mit Huhn kann dieses Gericht auch mit Kalbs- oder Schweineschnitzel, weißem Fisch oder Auberginenscheiben zubereitet werden.

125 g Mandelmehl
¼ TL Meersalz
575 g Hähnchenschnitzel
4 EL Olivenöl, extra vergine
125 ml Hühnerbrühe
1 mittelgroße Schalotte, gehackt, oder 1 große Knoblauchzehe, fein gehackt
4 EL Zitronensaft
2 EL Kapern
3 EL Butter, in Scheiben
2 EL frische Petersilie, gehackt

- Das Mandelmehl in einem tiefen Teller mit dem Salz mischen. Die Hähnchenschnitzel in der Panade wenden, überschüssiges Mehl abschütteln.
- Das Öl in einer großen Pfanne auf mittlerer Stufe erhitzen. Die Hähnchenschnitzel portionsweise in sechs Minuten goldbraun braten, dabei einmal wenden. Das Fleisch soll vollständig durchgebacken und der Saft klar sein. Auf einen vorgewärmten Teller legen und mit Alufolie abdecken.
- Die Brühe und die Zwiebel- oder Knoblauchwürfel in die Pfanne geben, auf hoher Stufe aufkochen und unter Rühren mit einem Holzlöffel alle angebrannten Krusten von der Pfanne lösen. Vier Minuten kochen, bis die Brühe auf die Hälfte reduziert ist. Zitronensaft und Kapern hinzufügen und noch zwei Minuten köcheln lassen. Vom Herd nehmen, die Butter unterrühren, bis sie schmilzt und die Sauce andickt, dann die Petersilie einrühren. Die Sauce zu den Hähnchenschnitzeln reichen.

Pro Portion: 462 Kalorien, 35 g Protein, 4 g Kohlenhydrate, 34 g Gesamtfett, 9 g gesättigte Fette, 2 g Ballaststoffe, 485 mg Natrium

KINDER-
FREUNDLICH

Hühnergulasch

Aktive Zeit: 10 Minuten/Gesamtzeit: 30 Minuten

Für 4 Portionen

Für den typischen Gulaschgeschmack sorgen die roten Paprika sowie das geräucherte Paprikapulver, das zugleich die Aromen von Huhn, Zwiebel und saurer Sahne hervorhebt. Je frischer und süßer die Paprika und je kräftiger das Paprikapulver, desto besser schmeckt auch dieser Eintopf.

Als Sauce passt er gut zu Zucchininudeln (siehe Seite 201).

2 EL Olivenöl, extra vergine
1 Zwiebel, in feinen Ringen
1 große rote Paprika, in dünnen Streifen
700 g Hähnchenfleisch, in Streifen
2 Knoblauchzehen, gehackt
2 EL Paprikapulver, geräuchert
½ TL Meersalz
125 ml Hühnerbrühe
225 g saure Sahne

- Das Öl in einer Pfanne auf mittlerer Stufe erhitzen. Zwiebel und Paprika unter Rühren in etwa fünf Minuten leicht anbräunen. Das Fleisch hinzufügen und fünf Minuten anbraten, dabei wenden. Knoblauch, Paprikapulver und Salz hinzufügen und weitere zwei Minuten mitbraten.

- Die Brühe hinzufügen und einmal kurz aufkochen. Deckel aufsetzen, auf kleine bis mittlere Stufe herunterschalten und noch fünf Minuten garen, bis das Fleisch vollständig durch und der Saft klar ist. Zum Schluss die saure Sahne unterziehen.

Pro Portion: 396 Kalorien, 39 g Protein, 10 g Kohlenhydrate, 22 g Gesamtfett, 8 g gesättigte Fette, 3 g Ballaststoffe, 481 mg Natrium

KINDER-
FREUNDLICH

Chicken Alfredo

Aktive Zeit: 10 Minuten/Gesamtzeit: 30 Minuten

Für 4 Portionen

Eine cremige Tomatensauce ohne Milch und Weizen. Das milde Hähnchenfleisch profitiert vom delikaten Aroma der gerösteten Paprika.

1 Dose Kokosmilch (400 ml)
1 große, rote Paprika, geröstet (aus dem Glas), grob gehackt
3 Packungen (je 240 g) Shirataki-Bandnudeln, abgespült und abgetropft
2 EL Olivenöl, extra vergine
450 g Hähnchenfleisch, in fingerdicken Stücken
½ TL Meersalz
3 Knoblauchzehen, gehackt
115 g geriebener Parmesan
2 EL frisches Basilikum, gehackt

- Die Kokosmilch und die Paprika in den Mixer geben, eine Minute zerkleinern und beiseitestellen.
- Die Bandnudeln nach Packungsanweisung zubereiten und abgießen.
- Das Öl in einer großen Pfanne auf mittlerer bis hoher Stufe erhitzen. Das Hähnchenfleisch salzen und fünf Minuten anbraten. Es darf noch etwas rosa sein. Den Knoblauch hinzufügen

und unter Rühren eine Minute mitgaren. Die vorbereitete Paprika-Kokosmilch hinzufügen.

- Einmal aufkochen, dann auf kleiner bis mittlerer Stufe fünf Minuten garen. Den Käse und das Basilikum unterziehen und noch zwei Minuten erhitzen, bis die Sauce etwas andickt. Die Nudeln von allen Seiten darin wenden.

Pro Portion: 441 Kalorien, 30 g Protein, 6 g Kohlenhydrate, 34 g Gesamtfett, 22 g gesättigte Fette, 2 g Ballaststoffe, 503 mg Natrium

KINDER-FREUNDLICH

Putenburger

Aktive Zeit: 5 Minuten/Gesamtzeit: 20 Minuten

Für 4 Burger

Die köstlichen Aromen der Cajun-Gewürzmischung machen diese Putenburger zur Delikatesse. Wenn das Gewürz vorab gemischt ist, sind sie in einer Viertelstunde fertig. Natürlich schmecken sie auch mit anderen Gewürzmischungen.

Belegen Sie die Burger mit einer Scheibe kräftigem Käse, Tomaten und Rucola. Mit Sandwich-Brötchen (siehe Seite 46) wird daraus ein Hamburger.

450 g Putenhackfleisch
2 EL Cajun-Gewürz (siehe Seite 84)
1 EL Chilisauce (nach Belieben)
2 EL Olivenöl, extra vergine, oder Kokosöl

- Putenfleisch, Gewürzmischung und eventuell Chilisauce gründlich verkneten und vier Burger daraus formen.
- Das Öl in einer großen Pfanne auf mittlerer Stufe erhitzen. Die Burger in etwa acht Minuten gut durchbraten. Sie dürfen innen nicht mehr rosa sein, und ein Fleischthermometer sollte 74 °C anzeigen.

Pro Portion: 239 Kalorien, 23 g Protein, 2 g Kohlenhydrate, 16 g Gesamtfett, 3 g gesättigte Fette, 1 g Ballaststoffe, 271 mg Natrium

Fisch mit Misoglasur

Aktive Zeit: 5 Minuten/Gesamtzeit: 20 Minuten

Für 4 Portionen

Der säuerlich-pikante Geschmack der Ingwer-Miso-Sauce sorgt bei diesem Fischgericht für die asiatische Note.

Geeignet ist jeglicher weißer Fisch, ob Kaiserbarsch, Kabeljau, Heilbutt, Flunder oder Forelle.

700 g Fischfilet
4 EL Ingwer-Miso-Sauce (**siehe Seite 63**)
1 EL frischer Koriander, gehackt

- Den Ofen auf 190 °C vorheizen.
- Die Fischfilets in eine Auflaufform legen und je einen Esslöffel Ingwersauce darüber geben. 15 Minuten backen, bis der Fisch in Flocken zerfällt.
- Zum Garnieren mit Koriander bestreuen.

Pro Portion: 136 Kalorien, 20 g Protein, 1 g Kohlenhydrate, 5 g Gesamtfett, 0,5 g gesättigte Fette, 0 g Ballaststoffe, 226 mg Natrium

Gebackener Fisch mit Shrimps-Sauce

Aktive Zeit: 5 Minuten/Gesamtzeit: 25 Minuten

Für 4 Portionen

Das etwas scharfe Cajun-Gewürz und die cremige Shrimps-Sauce machen jeden weißen Fisch (wie Kabeljau, Heilbutt, Flunder oder Kaiserbarsch) zum Geschmackserlebnis.

Fisch:
Fett für die Form
4 Fischfilets (etwa 450 g)
2 EL Butter, zerlassen
2 TL Zitronensaft
1 TL Cajun-Gewürz (siehe Seite 84)

Sauce:
2 EL Butter
60 g mittelgroße Shrimps, geschält und entdarmt, gehackt
2 EL Schnittlauch, gehackt
90 g Doppelrahmfrischkäse, in Würfeln
250 ml Schlagsahne
⅛ TL Meersalz

- **Für den Fisch:** Den Ofen auf 190 °C vorheizen. Eine Auflaufform von 33 × 22 cm fetten.
- Die Fischfilets in die Form legen. Die zerlassene Butter, den Zitronensaft und das Cajun-Gewürz in einer kleinen Schüssel verrühren. Die Filets mit der Zitronenbutter bestreichen. 15 Mi-

nuten backen, bis der Fisch in Flocken zerfällt. Während der Backzeit die Shrimps-Sauce vorbereiten.

- **Für die Sauce:** Einen Esslöffel Butter in einer großen Pfanne auf mittlerer bis hoher Stufe zerlassen. Die Shrimps mit dem Schnittlauch unter Rühren zwei Minuten braten, bis sie schön pink sind. Die Shrimps an den Rand der Pfanne schieben und die Hitze auf kleine bis mittlere Stufe herunterstellen. Den anderen Esslöffel Butter sowie den Käse in die Pfannenmitte geben und unter Rühren schmelzen lassen. Die Sahne und das Salz hinzufügen und unter häufigem Rühren fünf Minuten köcheln lassen, bis die Sauce blubbert und andickt. Vom Herd nehmen.
- Die Sauce über die Filets gießen und servieren.

Pro Portion: 407 Kalorien, 27 g Protein, 4 g Kohlenhydrate, 31 g Gesamtfett, 19 g gesättigte Fette, 0 g Ballaststoffe, 483 mg Natrium

KINDER-
FREUNDLICH

Fischfilet Amandine

Aktive Zeit: 5 Minuten/Gesamtzeit: 20 Minuten

Für 4 Portionen

Ein klassisches Fischgericht in neuem Gewand, mit den feinen Aromen von Zitrone und Butter in gerösteten Mandeln, die dem Ganzen etwas Biss verleihen.

Nehmen Sie dafür Tilapiafilet oder andere weiße Fischsorten, zum Beispiel Scholle.

125 g Mandelmehl
¼ TL Zwiebelpulver
¼ TL Meersalz
⅛ TL scharfe Paprika, gemahlen (nach Belieben)
4 Tilapiafilets (450 g)
3 EL Olivenöl, extra vergine
40 g gehobelte Mandelblättchen
1 EL Butter
2 EL Zitronensaft
4 Zitronenschnitze

- Den Ofen auf 175 °C vorheizen.
- Das Mandelmehl in einem tiefen Teller mit Zwiebelpulver, Salz und eventuell scharfer Paprika mischen. Den Fisch in der Panade wenden und diese gleichmäßig von beiden Seiten andrücken.

- Zwei Esslöffel Öl in einer großen Pfanne auf mittlerer Stufe erhitzen. Die Filets zehn Minuten garen (die dickeren Stücke eher in der Mitte der Pfanne), dabei einmal wenden. Den letzten Esslöffel Öl in die Pfanne geben und weitergaren, bis der Fisch in Flocken zerfällt.
- In der Zwischenzeit die Mandeln auf einem Backblech in fünf Minuten goldbraun backen.
- Die Filets vorsichtig auf einen Servierteller setzen. Die Butter in die heiße Pfanne geben, die gerösteten Mandeln hinzufügen und gründlich mit der Butter vermengen. Den Zitronensaft hinzufügen und unterrühren. Die Buttermandeln und den restlichen Saft aus der Pfanne über die Filets geben. Mit je einem Schnitz Zitrone garnieren.

Pro Portion: 354 Kalorien, 26 g Protein, 6 g Kohlenhydrate, 26 g Gesamtfett, 6 g gesättigte Fette, 3 g Ballaststoffe, 215 mg Natrium

KINDER-
FREUNDLICH

Fischstäbchen in Kokospanade

Aktive Zeit: 5 Minuten/Gesamtzeit: 25 Minuten

Für 4 Portionen

Knusprige Fischstäbchen führen nicht nur Kinder an gesunden Fisch heran, sondern sind bei der ganzen Familie beliebt. Eine Käsenote gefällig? Dann mischen Sie einen Esslöffel geriebenen Parmesan unter die Kokosraspel.

Als Beilage passt Krautsalat oder gedünstetes Gemüse aller Art.

1 EL Olivenöl, extra vergine, oder Kokosöl
70 g Kokosraspel
50 g gemahlener gelber Leinsamen
½ TL Meersalz
4 EL Butter, zerlassen
450 g Kabeljau- oder Heilbuttfilet, in Streifen (1 × 7 cm)

- Den Ofen auf 200 °C vorheizen. Den Grillrost auf die Fettpfanne legen und mit Olivenöl oder Kokosöl einpinseln.
- Die Kokosraspel in einem tiefen Teller mit dem Leinsamen und Salz mischen. Die zerlassene Butter in einen zweiten Teller gießen. Die Fischstreifen erst in der Butter wenden, Reste abschütteln, dann mit der Kokosmischung überziehen. Auf den Grillrost legen. Mit etwas Olivenöl oder Kokosöl besprühen oder bepinseln.

- 15 Minuten backen, bis der Fisch in Flocken zerfällt und sich eine goldbraune Kruste gebildet hat.

Pro Portion: 365 Kalorien, 23 g Protein, 7 g Kohlenhydrate, 27 g Gesamtfett, 17 g gesättigte Fette, 5 g Ballaststoffe, 460 mg Natrium

KINDER-
FREUNDLICH

Lachs auf Sesamspinat

Aktive Zeit: 5 Minuten/Gesamtzeit: 15 Minuten

Für 4 Portionen

Mit diesem schnellen wie leckeren Lachs sparen wir dadurch Zeit, dass nur eine Pfanne benötigt wird. Wer es weniger eilig hat, kann den Spinat auch separat dünsten, abgießen und dann mit Ingwer-Miso-Sauce würzen.

1 EL Kokosöl
4 Lachssteaks (je 240 g)
2 Tüten (180 g) frischer Feldsalat oder junger Spinat
125 ml Ingwer-Miso-Sauce (siehe Seite 63)

- Das Öl in einer großen Pfanne auf mittlerer Stufe erhitzen. Den Lachs fünf Minuten anbraten, wenden und den Spinat obenauf legen. Die Ingwer-Miso-Sauce über den Spinat gießen. Mit Deckel etwa drei Minuten garen, bis der Lachs undurchsichtig und der Spinat zusammengefallen ist.
- Zum Servieren die Lachssteaks auf dem Spinat anrichten und eventuelle Sauce aus der Pfanne darüberträufeln.

Pro Portion: 570 Kalorien, 46 g Protein, 5 g Kohlenhydrate, 40 g Gesamtfett, 10 g gesättigte Fette, 2 g Ballaststoffe, 464 mg Natrium

KINDER-
FREUNDLICH

Kabeljau mit Parmesankruste

Aktive Zeit: 5 Minuten/Gesamtzeit: 25 Minuten

Für 4 Portionen

Die Kombination aus geriebenem Parmesan und italienischen Gewürzen stellt jede herkömmliche Panade in den Schatten. Statt Kabeljau können Sie auch Tilapiafilet nehmen.

4 EL geriebener Parmesan
½ TL italienische Kräuter (siehe Seite 82)
700 g Kabeljau, in 4 Stücken
2 EL Olivenöl

- Den Ofen auf 190 °C vorheizen.
- Käse und Kräuter in einer Schüssel mischen.
- Die Fischfilets in eine Auflaufform legen und erst mit Öl bepinseln, dann mit dem Kräuterkäse bestreuen.
- 15 Minuten backen, bis der Fisch in Flocken zerfällt.

Pro Portion: 175 Kalorien, 22 g Protein, 1 g Kohlenhydrate, 9 g Gesamtfett, 2 g gesättigte Fette, 0 g Ballaststoffe, 138 mg Natrium

KINDER-
FREUNDLICH

Lachskroketten

Aktive Zeit: 5 Minuten/Gesamtzeit: 15 Minuten

Für 4 Portionen

Die Aromen der provenzalischen Kräuter verwandeln diese Lachskroketten in eine köstliche Leckerei.

4 EL Mayonnaise (siehe Seite 66 oder gekauft)
1 Stange Sellerie, fein gehackt
1 EL frischer Zitronensaft
1 TL Kräuter der Provence (siehe Seite 85)
¾ TL Senfpulver
350 g Lachsfilet, zerrupft
1 Ei, leicht durchgeschlagen
85 g gemahlener gelber Leinsamen
2 EL Olivenöl, extra vergine
8 TL Aïoli (siehe Seite 67)

- Die Mayonnaise mit Sellerie, Zitronensaft, Kräutern der Provence, Senf, Lachs, Ei und Leinsamen gut verrühren. Acht kleine Küchlein daraus formen.
- Das Öl in einer Pfanne auf mittlerer Stufe erhitzen. Die Kroketten in etwa drei Minuten goldbraun backen, dabei einmal wenden.
- Die Aïoli dazu reichen.

Pro Portion: 404 Kalorien, 20 g Protein, 5 g Kohlenhydrate, 35 g Gesamtfett, 4 g gesättigte Fette, 4 g Ballaststoffe, 437 mg Natrium

Lachsburger auf Champignons

Aktive Zeit: 10 Minuten/Gesamtzeit: 25 Minuten

Für 4 Portionen

Man kann die Lachsburger sehr gut auf große Champignons setzen (wie hier), aber auch zwischen zwei Stücke Focaccia mit Kräutern (siehe Seite 44) mit Aïoli (siehe Seite 67). Für ein wenig mehr Schärfe sorgt eine entkernte, fein gehackte Jalapeño-Chili. Verwenden Sie in diesem Fall frischen Koriander statt Dill.

4 große Champignons (10 bis 15 cm Durchmesser), nur die Kappen
3 EL geschmolzenes Kokosöl oder Olivenöl, extra vergine
¾ TL Meersalz
2 Frühlingszwiebeln oder ¼ gelbe Zwiebel, fein gehackt
½ rote Paprika, geröstet und fein gehackt
350 g Lachsfilet, zerrupft
1 Ei, leicht durchgeschlagen
4 EL gemahlener gelber Leinsamen
2 EL frischer Dill, gehackt

- Den Ofen auf 200 °C vorheizen.
- Die Kappen der Pilze mit anderthalb Esslöffeln Öl bepinseln und mit der Unterseite nach oben auf ein Backblech legen. Die Lamellen mit einem halben Esslöffel Öl beträufeln und mit je einem Viertel Teelöffel Salz bestreuen. Zehn Minuten backen.

- In der Zwischenzeit die Zwiebelwürfel mit Paprika, Lachs, Ei, Leinsamen, Dill und dem restlichen halben Teelöffel Salz gut verrühren. Vier Burger daraus formen.
- Das restliche Öl in einer großen Pfanne auf mittlerer Stufe erhitzen. Die Burger in vier Minuten braun braten, dabei einmal wenden.
- Auf jeden Pilz einen Burger legen und fünf Minuten backen, bis alles schön heiß ist.

Pro Portion: 258 Kalorien, 20 g Protein, 7 g Kohlenhydrate, 17 g Gesamtfett, 10 g gesättigte Fette, 4 g Ballaststoffe, 570 mg Natrium

Fisch-Tacos mit Chipotle-Avocado-Creme

Aktive Zeit: 10 Minuten/Gesamtzeit: 25 Minuten

Für 4 Portionen

Tacos mal anders, nämlich mit knackigem Salat und würziger Avocado-Fisch-Füllung. Wer mehr Hunger hat, nimmt einfach Tortillas (siehe Seite 52) oder Leinsamen-Wraps (siehe Seite 49) anstelle des Salats.

Chipotle-Chilis in Adobosauce sind geräucherte, reife Jalapeño-Chilis in einer speziellen Tomatensauce. Sie sind in gut sortierten Supermärkten oder online zu finden.

Wer es gern würziger mag, kann der Sauce noch mehr Cajun-Gewürz hinzufügen.

4 EL Butter, zerlassen
2 Chipotle-Chilis in Adobosauce (Dose), gehackt
3 EL Limettensaft
3 TL Bio-Limettenschale, frisch gerieben
½ TL Meersalz
560 g fester weißer Fisch (Heilbutt, Kabeljau oder Tilapia), in 4 Stücken
¼ TL Olivenöl, extra vergine
110 g saure Sahne
½ TL Fischgewürz oder Cajun-Gewürz (siehe Seite 84)
1 reife Avocado, halbiert, geschält und entkernt
8 feste Salatblätter (Eisberg-, Kopf- oder Romanasalat)
3 Handvoll Weißkohl, fein geraspelt
Limettenschnitze

- Die Butter mit den Chilis, einem Esslöffel Limettensaft, zwei Teelöffeln Limettenschale und einem Viertel Teelöffel Salz verrühren, bis das Salz sich auflöst. Die Fischfilets von beiden Seiten mit der gewürzten Butter einpinseln.
- Eine Pfanne oder Grillpfanne mit etwas Öl auswischen und auf mittlerer bis hoher Stufe erhitzen. Den Fisch acht Minuten garen, bis er in Flocken zerfällt; dabei einmal wenden. Auf einen vorgewärmten Teller legen und mit Alufolie abdecken.
- Noch während der Fisch gart, die saure Sahne im Mixer oder mit dem Rührstab mit der Gewürzmischung, der Avocado, dem restlichen Limettensaft, der restlichen Limettenschale und dem restlichen Salz in 30 Sekunden cremig pürieren. In eine kleine Schüssel umfüllen.
- Den Fisch mit einer Gabel in Flocken teilen und die Salatblätter damit füllen. Die Chipotle-Avocado-Creme und den Weißkohl daraufgeben und aufrollen. Dazu Limettenschnitze reichen.

Pro Portion: 384 Kalorien, 28 g Protein, 10 g Kohlenhydrate, 27 g Gesamtfett, 13 g gesättigte Fette, 4 g Ballaststoffe, 428 mg Natrium

Karibikshrimps mit Reis

Aktive Zeit: 10 Minuten/Gesamtzeit: 25 Minuten

Für 4 Portionen

Die Karibikanklänge für dieses schnelle, simple Gericht erreiche ich mit Cajun-Gewürz und einer Mischung aus Ingwer, Koriander und Limette.

½ großer Blumenkohl, in Röschen
2 EL Olivenöl, extra vergine
4 Frühlingszwiebeln, in feinen Ringen
1 rote Paprika, in dünnen Streifen
1 große Dose Tomaten (435 g), gewürfelt
1 TL Cajun-Gewürz (siehe Seite 84)
2 EL Ingwer, gerieben, oder 2 TL gemahlener Ingwer
450 g mittelgroße Shrimps, geschält und entdarmt, ohne Schwanz
Saft von 1 kleinen Limette
2 EL Koriander, grob gehackt

- Mit der Küchenmaschine den Blumenkohl grob raspeln. Die Blumenkohlraspel in ein mikrowellenfestes Gefäß geben. Abdecken und auf hoher Stufe vier Minuten in der Mikrowelle garen (bis zur gewünschten Garstufe), zwischendurch einmal umrühren. Beiseitestellen.
- Das Öl in einer großen Pfanne auf mittlerer Stufe erhitzen. Die Zwiebeln und die Paprika unter häufigem Rühren in etwa fünf Minuten leicht anbräunen. Tomaten, Gewürzmischung und Ingwer unterrühren und eine Minute mitkochen. Die Shrimps

hinzufügen und drei Minuten garen, bis sie nicht mehr durchsichtig sind.

- Den vorbereiteten Blumenkohlreis, den Limettensaft und den Koriander unterziehen. Zwei Minuten mitkochen, bis alles richtig heiß ist.

Pro Portion: 206 Kalorien, 18 g Protein, 14 g Kohlenhydrate, 9 g Gesamtfett, 1 g gesättigte Fette, 3 g Ballaststoffe, 917 mg Natrium

KINDER-
FREUNDLICH

Gefüllte Tomaten mit Shrimps

Aktive Zeit: 10 Minuten/Gesamtzeit: 20 Minuten

Für 4 Portionen

Am besten schmeckt dieses Gericht mit aromatischen Fleischtomaten oder sonnengereiften Früchten frisch vom Strauch.

450 g mittelgroße, gegarte Tiefkühlshrimps, aufgetaut
6 große Pflaumentomaten, längs halbiert
4 EL Mayonnaise (siehe Seite 66 oder gekauft)
1 Stange Sellerie, fein gehackt
2 Frühlingszwiebeln, in feinen Ringen
1 EL Limettensaft
¼ TL Meersalz
1 große Avocado, halbiert, entsteint und gewürfelt

- Die Shrimps waschen, gründlich mit Küchenkrepp abtrocknen und grob hacken.
- Die Tomatenhälften mit einem Löffel aushöhlen; Saft, Fleisch und Kerne wegwerfen.
- Mayonnaise, Sellerie, Frühlingszwiebeln, Limettensaft und Salz in einer Schüssel verrühren. Erst die Shrimps unterziehen, dann die Avocado. Die Füllung auf die Tomaten verteilen.

Pro Portion: 258 Kalorien, 17 g Protein, 9 g Kohlenhydrate, 18 g Gesamtfett, 2 g gesättigte Fette, 4 g Ballaststoffe, 846 mg Natrium

KINDER-
FREUNDLICH

Marinarasauce mit Shrimps

Aktive Zeit: 10 Minuten/Gesamtzeit: 30 Minuten

Für 4 Portionen

Bei diesem Gericht greift jeder zu, sogar Kinder. Die Sauce schmeckt zu Zucchininudeln ebenso gut wie zu Shirataki-Nudeln oder Curryreis (siehe Seite 203). Wenn man die Sahne durch dickflüssige Kokosmilch aus der Dose ersetzt, ist das Gericht auch milchfrei. Sie hätten gern mehr Kick? Dann streuen Sie zum Schluss einen halben Teelöffel Chiliflocken darüber.

1 EL Olivenöl, extra vergine
1 Schalotte, gehackt
3 Knoblauchzehen, gehackt
1 große Dose Tomaten (840 g), zerdrückt
2 EL Tomatenmark
1 TL italienische Kräuter (siehe Seite 82)
450 g große Shrimps, geschält und entdarmt, ohne Schwanz
125 ml Sahne oder Kokosmilch (Dose)
Nach Belieben Zucchininudeln (siehe Seite 201)

- Das Öl in einer großen Pfanne auf mittlerer Stufe erhitzen. Die Schalotte und den Knoblauch unter gelegentlichem Rühren zwei Minuten anbraten. Tomaten, Tomatenmark und Kräuter unterrühren und alles zum Kochen bringen. Die Hitze herunterschalten und auf kleiner Stufe unter gelegentlichem Umrühren zehn Minuten köcheln lassen.

- Die Shrimps hinzufügen, Deckel aufsetzen und drei Minuten garen, bis sie nicht mehr durchsichtig sind. Sahne oder Kokosmilch unterrühren und zwei Minuten erhitzen.
- Nach Belieben die Sauce über Zucchininudeln geben.

Pro Portion: 293 Kalorien, 20 g Protein, 19 g Kohlenhydrate, 16 g Gesamtfett, 8 g gesättigte Fette, 4 g Ballaststoffe, 981 mg Natrium

Chorizo-Shrimps-Tortillas

Aktive Zeit: 10 Minuten/Gesamtzeit: 25 Minuten

Für 4 Portionen

Noch schneller geht dieses (ohnehin schon schnelle) Rezept, wenn Sie Knoblauch und Zwiebel in der Küchenmaschine hacken. Wer keine Tortillas mag, kann aus den Zutaten auch eine Paella zubereiten: mit den Shrimps dann Blumenkohlreis oder Curryreis (siehe Seite 203) unterziehen.

2 EL Olivenöl, extra vergine
1 Zwiebel, fein gehackt
2 Knoblauchzehen, gehackt
180 bis 250 g Chorizo-Wurst, in dünnen Scheiben
450 g kleine bis mittlere Shrimps, geschält und entdarmt, ohne Schwanz
2 EL Taco-Gewürz (siehe Seite 83)
2 EL frischer Koriander, gehackt
4 Tortillas (siehe Seite 52)

- Das Öl in einer großen Pfanne auf mittlerer Stufe erhitzen. Zwiebel und Knoblauch unter ständigem Rühren in drei Minuten weich braten.
- Die Chorizo hinzufügen und unter gelegentlichem Umrühren fünf Minuten garen. Die Shrimps und die Gewürzmischung hinzufügen und unter Rühren zwei Minuten garen, bis die

Shrimps nicht mehr durchsichtig sind. Zum Schluss den Koriander unterrühren.

- Die Sauce auf die Tortillas geben und gleich verzehren.

Pro Portion: 405 Kalorien, 29 g Protein, 18 g Kohlenhydrate, 26 g Gesamtfett, 4 g gesättigte Fette, 8 g Ballaststoffe, 998 mg Natrium

Shrimps-Curry

Aktive Zeit: 10 Minuten/Gesamtzeit: 20 Minuten

Für 4 Portionen

Mit exotisch duftendem Curry in einer dicken Sauce auf Kokosmilchbasis kommen Meeresfrüchte wunderbar zur Geltung. Wenn es noch schneller gehen soll, machen Sie ein Thai-Curry: Statt Ingwer, Knoblauch und Currypulver würzen Sie mit einem Viertelliter Thai Red Curry-Sauce (siehe Seite 62) und lassen dafür die Kokosmilch weg. Beide Varianten schmecken gut auf Blumenkohlreis oder Curryreis (siehe Seite 203).

3 EL Kokosöl oder geklärte Butter (Ghee-Butter)
1 Zwiebel, in feinen Ringen
1 TL frischer Ingwer, geraspelt
1 TL Knoblauch, gehackt
4 TL Currypulver
½ TL Meersalz
250 ml Kokosmilch (Dose)
700 g mittelgroße Shrimps, geschält und entdarmt, ohne Schwanz
2 EL frischer Koriander, gehackt

- Das Öl oder die Butter in einer großen Pfanne auf mittlerer Stufe erhitzen. Die Zwiebel unter Rühren in etwa fünf Minuten leicht anbräunen. Ingwer, Knoblauch, Currypulver und Salz unterrühren und eine Minute mitkochen. Die Kokosmilch hinzufügen und aufkochen. Die Shrimps hinzufügen und zwei Minuten garen, bis sie nicht mehr durchsichtig sind.

- Vom Herd nehmen und den frischen Koriander unterrühren.

Pro Portion: 301 Kalorien, 17 g Protein, 7 g Kohlenhydrate, 24 g Gesamtfett, 20 g gesättigte Fette, 2 g Ballaststoffe, 849 mg Natrium

Italienische Scampi

Aktive Zeit: 10 Minuten/Gesamtzeit: 25 Minuten

Für 4 Portionen

Zu diesem Gericht passen gedünsteter Spargel oder frische Pilze, in Butter geschmort, oder aber Shirataki-Nudeln.

3 EL Olivenöl, extra vergine
90 g frische Champignons, in Scheiben
3 EL Butter
700 g Scampi oder große Shrimps, geschält und entdarmt, ohne Schwanz
5 Knoblauchzehen, gehackt
1 TL italienische Kräuter (siehe Seite 82)
3 EL Zitronensaft
2 EL trockener Weißwein oder Hühnerbrühe
2 EL frische Petersilie, gehackt (nach Belieben)
Gegarte Shirataki-Nudeln (nach Belieben)

- Einen Esslöffel Öl in einer großen Pfanne auf mittlerer Stufe erhitzen. Die Pilze unter gelegentlichem Umrühren in fünf Minuten leicht anbräunen, bis sie zu saften beginnen. In eine Schüssel umfüllen und beiseitestellen.
- Die restlichen zwei Esslöffel Öl und einen Esslöffel Butter in dieselbe Pfanne geben und auf mittlerer bis hoher Stufe erhitzen. Die Shrimps oder Scampi unter häufigem Rühren zwei Minuten garen, bis sie nicht mehr durchsichtig sind (nicht zu lange kochen!). In die Schüssel mit den Pilzen geben.

- Auf mittlere Stufe herunterschalten. Einen Esslöffel Butter in der Pfanne zerlassen, den Knoblauch hinzufügen und unter Rühren eine Minute garen. Den letzten Esslöffel Butter mit den Kräutern in die Pfanne geben. Zitronensaft und Wein (oder Brühe) hinzugeben und unter ständigem Rühren eine Minute kochen lassen. Die vorbereiteten Shrimps oder Scampi und die Pilze mit allem Bratensaft in die Pfanne zurückfüllen und eine Minute gut durcherhitzen, dann nach Belieben die Petersilie einrühren.
- Nach Belieben die Sauce zu Shirataki-Nudeln servieren.

Pro Portion: 318 Kalorien, 24 g Protein, 5 g Kohlenhydrate, 21 g Gesamtfett, 7 g gesättigte Fette, 0,5 g Ballaststoffe, 1043 mg Natrium

Gebackene Muscheln

Aktive Zeit: 10 Minuten/Gesamtzeit: 25 Minuten

Für 4 Portionen

Die übliche Panade ersetzen wir durch eine Mischung aus Mandelmehl und Parmesan, mit der wir die feine, fette Kruste erzeugen, die viele in der weizenfreien Küche vermissen.

Fett für die Form
4 EL Mandelmehl
4 EL geriebener Parmesan
1 TL Fischgewürz oder Marokko-Gewürz (siehe Seite 81)
450 g mittelgroße Kammmuscheln, gewaschen und trocken getupft
2 EL Zitronensaft
2 EL Butter, zerlassen

- Den Ofen auf 190 °C vorheizen. Eine Auflaufform von 27 × 21 cm fetten.
- Das Mandelmehl in einem tiefen Teller mit dem Käse und einem halben Teelöffel der Gewürzmischung vermengen. Die Muscheln von allen Seiten gründlich in der Käsepanade wenden. In die Form legen.
- Den Zitronensaft in einer kleinen Schüssel mit der zerlassenen Butter und dem anderen halben Teelöffel Gewürzmischung verrühren. Vorsichtig über die Muscheln träufeln, ohne dabei die Panade abzuspülen.

- Zwölf Minuten backen, bis die Muscheln gerade eben undurchsichtig sind. Im Ofen zwei Minuten übergrillen, bis die Oberfläche leicht gebräunt ist.

Pro Portion: 197 Kalorien, 17 g Protein, 7 g Kohlenhydrate, 12 g Gesamtfett, 5 g gesättigte Fette, 1 g Ballaststoffe, 677 mg Natrium

Gemüsecurry

Aktive Zeit: 10 Minuten/Gesamtzeit: 30 Minuten

Für 4 Portionen

Ein exotisches indisches Currygericht, das als vegetarische Hauptmahlzeit durchgeht, aber auch eine feine Beilage sein kann. Beim Gemüse kann man nach Herzenslust variieren – probieren Sie Karottenscheiben, junge Zwiebeln, Frühlingszwiebeln oder Brokkoli.

2 EL Kokosöl
1 gelbe Zwiebel, gehackt
2 Knoblauchzehen, gehackt
8 Handvoll kleine Blumenkohlröschen, aufgetaut oder frisch
4 Handvoll aufgetauter Spinat oder 8 Handvoll frischer Spinat
1 große Tomate, gehackt
180 ml Thai Red Curry-Sauce (siehe Seite 62)
¼ TL Meersalz
4 EL frischer Koriander, grob gehackt

- Das Öl in einer großen Pfanne auf mittlerer Stufe erhitzen. Die Zwiebel und den Knoblauch darin drei Minuten anbraten. Den Blumenkohl unterziehen, Deckel aufsetzen und sieben Minuten garen, dabei gelegentlich umrühren. Den Spinat, die Tomate, die Currysauce und das Salz hinzufügen.

Abdecken und zehn Minuten auf kleiner Stufe köcheln lassen, bis der Blumenkohl weich ist.

- Zum Schluss den Koriander unterrühren.

Pro Portion: 311 Kalorien, 5 g Protein, 15 g Kohlenhydrate, 28 g Gesamtfett, 24 g gesättigte Fette, 5 g Ballaststoffe, 493 mg Natrium

Spanakopita-Burger

Aktive Zeit: 10 Minuten/Gesamtzeit: 25 Minuten

Für 4 Portionen

Spanakopita ist eine griechische Teigtasche mit aromatischen Zutaten wie Spinat, Schafskäse, Zwiebeln und Ei. Unsere Variante kommt natürlich ohne die ungesunde Teighülle daher. Essen Sie den Burger pur, zwischen zwei Stücken Sandwichbrot (siehe Seite 41) oder Focaccia (siehe Seite 42).

3 EL Olivenöl, extra vergine
1 kleine gelbe Zwiebel, fein gehackt
2 Packungen TK-Spinat (je 300 g), aufgetaut, trocken gepresst, gehackt
1 TL getrockneter Oregano
½ TL Knoblauchsalz
½ TL schwarzer Pfeffer, gemahlen
2 TL frischer Zitronensaft
240 g Schafskäse, zerkrümelt
1 Ei, leicht durchgeschlagen
85 g gemahlener gelber Leinsamen

Einen Esslöffel Öl in einem Topf erhitzen. Die Zwiebel darin in etwa drei Minuten leicht anbräunen. Den Spinat hinzufügen und unter Rühren eine Minute erhitzen. In eine Schüssel umfüllen und etwas abkühlen lassen. Oregano, Knoblauchsalz, Pfeffer, Zitronensaft, Käse, Ei und Leinsamen hinzugeben und gründlich verkneten. Vier Burger daraus formen.

- Das restliche Öl in der Pfanne auf mittlerer Stufe erhitzen. Die Burger in sieben Minuten hellbraun braten, dabei einmal wenden.

Pro Portion: 322 Kalorien, 12 g Protein, 13 g Kohlenhydrate, 24 g Gesamtfett, 7 g gesättigte Fette, 6 g Ballaststoffe, 670 mg Natrium

Pizza mit Grünkohl, Zwiebeln und Ziegenkäse

Aktive Zeit: 10 Minuten/Gesamtzeit: 30 Minuten

Für 4 Portionen

Eine ungewöhnliche Zusammenstellung, die eher Erwachsenen schmeckt, die auf etwas Besonderes Lust haben – und eventuell fünf Minuten länger Zeit haben als unsere 30-Minuten-Vorgabe.

Pizzaboden:
300 g Allzweckmehl (siehe Seite 40)
75 g Mozzarella, gerupft
¼ TL Meersalz
1 Ei
2 EL Olivenöl, extra vergine

Belag:
2 EL Olivenöl, extra vergine
8 Handvoll frischer oder aufgetauter Grünkohl, klein gerupft
1 gelbe Zwiebel, in Achteln
¼ TL Meersalz
160 ml zuckerfreie Pizzasauce
60 g Ziegenkäse, zerkrümelt

- Den Ofen auf 200 °C vorheizen. Ein Backblech mit Backpapier auslegen.
- **Für den Boden:** Das Allzweckmehl mit Käse und Salz mischen. Ei, Öl und 125 Milliliter Wasser in einer separaten Schüssel ver-

rühren. In die Käse-Mehl-Mischung gießen und gut verkneten.

- Den Teig auf das Backblech setzen und mit feuchten Händen eine runde Pizza von 30 cm Durchmesser mit Rand formen. Zehn Minuten backen. Aus dem Ofen nehmen und beiseitestellen. Den Backofen auf 175 °C herunterschalten.
- **Für den Belag:** In der Zwischenzeit das Öl in einer großen Pfanne auf mittlerer Stufe erhitzen. Den Grünkohl, die Zwiebel und das Salz unter Rühren fünf Minuten garen, bis der Grünkohl zusammenfällt und die Zwiebel weich wird.
- Den Pizzaboden mit der Sauce bestreichen, den Grünkohl und den Ziegenkäse darauf verteilen. Zehn Minuten backen, bis der Käse angeschmolzen ist.

Pro Portion: 698 Kalorien, 27 g Protein, 30 g Kohlenhydrate, 57 g Gesamtfett, 9 g gesättigte Fette, 14 g Ballaststoffe, 1015 mg Natrium

Palak Paneer

Aktive Zeit: 10 Minuten/Gesamtzeit: 30 Minuten

Für 4 Portionen

In Indien und Pakistan weiß man, wie man gesunden Spinat in eine duftende Currysauce verwandelt.

2 Tüten (je 180 g) junger Spinat
2 EL geklärte Butter (Ghee-Butter) oder Kokosöl
360 g Paneer-Käse, gewürfelt
1 Zwiebel, fein gehackt
2 Knoblauchzehen, gehackt
2 EL Marokko-Gewürz (siehe Seite 81)
½ TL Meersalz
1 Dose Tomaten (420 g), gewürfelt, abgetropft
125 ml Kokosmilch (Dose) oder Sahne

- Den Spinat in einen Durchschlag geben und in den Abfluss stellen. Einen Liter Wasser aufkochen und sorgfältig über den Spinat gießen, damit er zusammenfällt. Gut abtropfen lassen.
- Währenddessen das Öl oder die Butter in einer großen Pfanne auf mittlerer Stufe erhitzen. Den Käse acht Minuten darin anbraten und immer wieder wenden. In eine Schüssel umfüllen und beiseitestellen.
- In derselben Pfanne Zwiebel und Knoblauch unter häufigem Rühren in etwa drei Minuten leicht anbräunen. Gewürzmischung und Salz hinzufügen und eine Minute mitkochen. Den vorbereiteten Spinat, die Tomaten und die Kokosmilch

oder Sahne hinzufügen und einmal kurz aufkochen. Die Hitze herunterschalten, Deckel aufsetzen und fünf Minuten leicht kochen lassen.

- Den Inhalt der Pfanne vorsichtig in die Küchenmaschine umfüllen und eine Minute zerkleinern, bis die Tomaten und der Spinat sich in eine cremige Masse verwandelt haben. Wieder in die Pfanne geben, den Käse hinzufügen und noch einmal erhitzen.

Pro Portion: 475 Kalorien, 23 g Protein, 20 g Kohlenhydrate, 35 g Gesamtfett, 24 g gesättigte Fette, 6 g Ballaststoffe, 567 mg Natrium

KINDER-
FREUNDLICH

Käsesouffléés mit Chili

Aktive Zeit: 5 Minuten/Gesamtzeit: 30 Minuten

Für 4 Portionen

Es soll mexikanisch schmecken, aber kein Burrito sein? Diese kleine Köstlichkeit macht erstaunlich satt. Inklusive der Backzeit werden die 30 Minuten leicht überschritten.

Fett für die Formen
4 Eier
180 ml Schlagsahne oder Kondensmilch
1 Dose (210 g) grüne Chilis, abgetropft und gewürfelt
170 g kräftiger Hartkäse, gerieben (Cheddar, Bergkäse)
4 EL Salsa (nach Geschmack)

- Den Ofen auf 200 °C vorheizen. Vier kleine Backformen von jeweils etwa 0,25 Liter Inhalt fetten und auf ein Backblech stellen.
- Die Eier in einer Schüssel mit der Sahne oder Kondensmilch verrühren. Die Chilis und zwei Drittel des geriebenen Käses unterrühren. Gleichmäßig auf die Backformen verteilen und mit dem restlichen Käse bestreuen. 25 Minuten backen, bis ein in die Mitte eingestochenes Messer sauber wieder herauskommt.
- Nach Belieben jeweils einen Esslöffel Salsa darübergeben.

Pro Portion: 406 Kalorien, 17 g Protein, 5 g Kohlenhydrate, 35 g Gesamtfett, 20 g gesättigte Fette, 1 g Ballaststoffe, 468 mg Natrium

Spaghetti mit Oliven, Kapern und Knoblauch

Aktive Zeit: 10 Minuten/Gesamtzeit: 20 Minuten

Für 2 Portionen

Ein einfaches Nudelgericht, an dem man sich satt essen kann, das sich aber auch als Vorspeise oder Beilage eignet. Lassen Sie sich nicht von der scheinbar so kleinen Menge täuschen. Ohne die appetitanregende Wirkung des Weizens ist man tatsächlich deutlich schneller satt – und der Blutzucker bleibt stabil.

4 EL Olivenöl, extra vergine
3 Knoblauchzehen, gehackt
3 Frühlingszwiebeln, in feinen Ringen
¼ TL Meersalz
2 TL Kapern
40 g schwarze Oliven, entsteint, in Scheiben
2 Packungen (je 240 g) Shirataki-Nudeln, abgespült und abgetropft
4 EL geriebener Parmesan

- Das Öl in einer Pfanne auf mittlerer Stufe erhitzen. Den Knoblauch mit den Frühlingszwiebeln und dem Salz in etwa drei Minuten weich braten. Kapern und Oliven unterziehen. Beiseitestellen.
- Die Bandnudeln nach Packungsanweisung zubereiten und in eine Schüssel füllen. Die vorbereitete Olivensauce darübergeben und unterheben. Mit dem Käse bestreuen.

Pro Portion: 425 Kalorien, 5 g Protein, 9 g Kohlenhydrate, 41 g Gesamtfett, 7 g gesättigte Fette, 1 g Ballaststoffe, 1142 mg Natrium

KINDER-
FREUNDLICH

Fettuccine mit Basilikum-Walnuss-Pesto

Aktive Zeit: 5 Minuten/Gesamtzeit: 15 Minuten

Für 2 Portionen

Ein beliebter Klassiker mit der magischen Kombination von Basilikum und feinem Olivenöl.

Um Zeit zu sparen, können Sie auch auf ein gekauftes Pesto zurückgreifen.

2 Handvoll frische Basilikumblätter
4 EL Walnüsse
3 Knoblauchzehen,
gehackt
80 ml Olivenöl,
extra vergine
30 g geriebener Hartkäse
¼ TL Meersalz
2 TL frischer Zitronensaft
2 Packungen (je 240 g) Shirataki-Bandnudeln,
abgespült und abgetropft

- Basilikum mit den Walnusskernen und dem Knoblauch fein hacken (zum Beispiel in der Küchenmaschine), bis eine Paste entsteht. Öl, Käse, Salz und Zitronensaft hinzufügen und weiter verarbeiten, bis alle Zutaten sich zu einem leuchtend grünen Pesto verbunden haben. Beiseitestellen.
- Die Bandnudeln nach Packungsanweisung zubereiten und in eine Schüssel füllen. Das vorbereitete Pesto darübergeben und unterheben.

Pro Portion: 498 Kalorien, 9 g Protein, 14 g Kohlenhydrate, 48 g Gesamtfett, 7 g gesättigte Fette, 8 g Ballaststoffe, 403 mg Natrium

KINDER-
FREUNDLICH

Auberginenpfanne Tokio

Aktive Zeit: 10 Minuten/Gesamtzeit: 30 Minuten

Für 4 Portionen

Die Auberginenpfanne schmeckt als Hauptgericht, aber auch als größere Beilage zu gebratenem Rindfleisch, das zuvor in (glutenfreier) Teriyakisauce mariniert wurde. Alternativ kann man zu der Aubergine auch 500 Gramm Geschnetzeltes (Kalb oder Schwein) oder Shrimps anbraten. (Das Fleisch oder die Shrimps separat garen und erst anschließend zusammengeben.) Wer dazu Nudeln möchte, sollte zu Shirataki greifen.

Optimal wären die etwas dünneren, helleren japanischen Auberginen, die es in Asialäden und gut sortierten Supermärkten gibt.

3 EL Sesamöl
700 g japanische Auberginen, längs geviertelt, in 1 cm dicken Streifen
6 Frühlingszwiebeln, in feinen Ringen
4 Knoblauchzehen, gehackt
3 EL glutenfreie Sojasauce
2 EL frischer Ingwer, geraspelt
1 Handvoll frischer Koriander, grob gehackt
2 TL Sesamsamen

- Zwei Esslöffel Öl in einer Pfanne auf mittlerer Stufe erhitzen. Die Auberginenstreifen darin unter gelegentlichem Umrühren zehn Minuten garen.
- Den dritten Esslöffel Öl erhitzen. Die Frühlingszwiebeln, den Knoblauch, die Sojasauce, den Ingwer und vier Esslöffel Wasser unterrühren. Deckel aufsetzen und fünf Minuten auf kleiner Stufe köcheln lassen, bis die Auberginen richtig weich sind, dabei gelegentlich umrühren.
- Kurz vor dem Essen den Koriander unterziehen und mit Sesam bestreuen.

Pro Portion: 160 Kalorien, 4 g Protein, 14 g Kohlenhydrate, 11 g Gesamtfett, 1,5 g gesättigte Fette, 5 g Ballaststoffe, 669 mg Natrium

KINDER-
FREUNDLICH

Brokkoli-Käse-Auflauf

Aktive Zeit: 10 Minuten/Gesamtzeit: 30 Minuten

Für 4 Portionen

Bereiten Sie diesen Auflauf als Hauptgericht oder als sättigende Beilage zu Schweineschnitzel, gebackenem Huhn oder anderen Fleischgerichten zu. Den Brokkoli kann man durch frischen Spargel oder grüne Bohnen ergänzen oder ganz ersetzen. Noch interessanter schmeckt das Gericht, wenn man ein Glas Silberzwiebeln hinzufügt.

Fett für die Form
360 g frischer Brokkoli, in Röschen
2 Eier
170 g kräftiger Hartkäse, gerieben (Emmentaler, Cheddar)
125 ml Schlagsahne (mindestens 30 % Fett)
6 EL Mandelmehl
½ TL Senfpulver
¼ TL Zwiebelpulver
¼ TL Meersalz
1 Prise scharfe Paprika, gemahlen (nach Belieben)

- Den Ofen auf 200 °C vorheizen. Eine Auflaufform von 20 × 20 cm fetten.
- Den Brokkoli und 125 Milliliter Wasser in eine mikrowellenfeste Schüssel geben, zudecken und drei Minuten auf hoher

Stufe in der Mikrowelle garen, bis der Brokkoli leuchtend grün und zart ist. Abgießen und in die Auflaufform umfüllen.

- Die Eier, die Hälfte vom Käse, Sahne, Mandelmehl sowie Senf- und Zwiebelpulver, Salz und eventuell scharfe Paprika in einer Schüssel verrühren. Über den Brokkoli gießen und mit dem restlichen Käse bestreuen.
- 20 Minuten backen, bis ein in die Mitte eingestochenes Messer sauber wieder herauskommt.

Pro Portion: 332 Kalorien, 15 g Protein, 8 g Kohlenhydrate, 28 g Gesamtfett, 14 g gesättigte Fette, 4 g Ballaststoffe, 249 mg Natrium

Desserts und Naschideen

KINDER-
FREUNDLICH

Schokoladen-Kokos-Tarte

Aktive Zeit: 5 Minuten/Gesamtzeit: 20 Minuten + Zeit zum Abkühlen

Für 8 Portionen

Kokosraspel sorgen für einen festen und köstlichen Kuchenteig. Hier füllen wir den Kokosboden mit einer Schokoladencreme, die auf der Zunge zergeht. Der Kuchen ist für Gäste, Festtage oder als ganz besonderes Sonntagsdessert gleichermaßen geeignet.

Fett für die Form
175 g Kokosraspel
3 EL Allzweckmehl (siehe Seite 40)
Süßungsmittel entsprechend 3 EL + 100 g Zucker
3 EL Kokosöl oder Butter, zerlassen
420 ml cremige Kokosmilch (Dose)
240 g Bitterschokolade (70 bis 85 % Kakao), gehackt
½ TL Vanillearoma
¼ TL Mandelaroma

- Den Backofen auf 175 °C vorheizen. Eine Kuchenform von 22,5 cm Durchmesser fetten.
- Kokosraspel, Allzweckmehl und Süßungsmittel entsprechend drei Esslöffel Zucker sowie das Öl oder die Butter gut verkneten. Den Teig in die Backform drücken und zehn Minuten backen, bis die Ränder leicht gebräunt sind. Aus dem Ofen nehmen und abkühlen lassen.

- In der Zwischenzeit die Kokosmilch auf mittlerer bis hoher Stufe erhitzen, bis sich erste Bläschen bilden. Vom Herd nehmen, die Schokolade hinzufügen und rühren, bis die Schokolade vollständig geschmolzen ist. Vanille- und Mandelaroma sowie das restliche Süßungsmittel (entsprechend 100 Gramm Zucker) unterrühren, bis sich alles gut verbunden hat. Die Masse in den Kokosboden gießen.
- Mindestens eine Stunde kalt stellen.

Pro Portion: 453 Kalorien, 7 g Protein, 14 g Kohlenhydrate, 46 g Gesamtfett, 36 g gesättigte Fette, 8 g Ballaststoffe, 28 mg Natrium

KINDER-
FREUNDLICH

Käsekuchenmuffins mit Beeren

Aktive Zeit: 5 Minuten/Gesamtzeit: 30 Minuten + Zeit zum Abkühlen

Für 12 Muffins

Auf diese saftigen Käsekuchenmuffins gebe ich frische Beeren, aber man kann sie auch gut mit geschmolzener Schokolade beträufeln oder mit Kakao oder Kokosraspeln bestreuen.

Die reine Zubereitungszeit ist weniger als 30 Minuten, mit Back- und Abkühlzeit kommen wir aber darüber.

160 g Allzweckmehl (siehe Seite 40)
Süßungsmittel entsprechend 1 EL + 100 g Zucker
3 EL Kokosöl oder Butter, zerlassen
360 g Frischkäse oder abgetropfter Quark, zimmerwarm
125 g saure Sahne oder Vollmilchjoghurt, natur
2 Eier
4 EL Kokosraspel
250 g frische gemischte Beeren (Erdbeeren, Himbeeren)

- Den Ofen auf 175 °C vorheizen. Eine Muffinform mit zwölf Papierförmchen auslegen.
- Das Allzweckmehl mit Süßungsmittel entsprechend einem Esslöffel Zucker sowie dem Öl oder der Butter verkneten. Den Teig gleichmäßig auf die Muffinförmchen verteilen und mit einem

Löffel oder mit den Fingern fest am Boden der Mulden andrücken. Beiseitestellen.

- Mit dem Elektromixer den Käse oder Quark mit dem restlichen Süßungsmittel (entsprechend 100 Gramm Zucker) glatt rühren. Die saure Sahne oder den Joghurt unterrühren. Die Eier nacheinander hinzugeben und jeweils gründlich einarbeiten. Zum Schluss die Kokosraspel sorgfältig unterziehen. Den Teig gleichmäßig auf die Muffinförmchen verteilen und 20 Minuten backen, bis ein in die Mitte eingestochenes Messer sauber wieder herauskommt. (Beim Backen gehen die Küchlein auf, fallen aber beim Abkühlen wieder zusammen.)
- In der Form fünf Minuten abkühlen lassen. Herausnehmen und auf einem Kuchengitter vollständig erkalten lassen. Zum Servieren je zwei Esslöffel Beeren auf jeden Käsemuffin geben.

Pro Käsemuffin: 265 Kalorien, 6 g Protein, 16 g Kohlenhydrate, 22 g Gesamtfett, 11 g gesättigte Fette, 3 g Ballaststoffe, 166 mg Natrium

KINDER-
FREUNDLICH

Zimtdonuts

Aktive Zeit: 5 Minuten/Gesamtzeit: 30 Minuten + Zeit zum Abkühlen

Für 12 Donuts

Da diese Donuts im Gegensatz zu herkömmlichen Donuts (mit Weizenmehl, Zucker und am Ende noch frittiert) nicht gesundheitsschädlich sind, kann man sie bedenkenlos zum Frühstück, als Snack oder zum Nachtisch verzehren.

Wer möchte, gibt etwas Schokoladenglasur (siehe Seite 347) oder Vanilleglasur (siehe Seite 348) darauf.

Fett für die Form
4 EL gemahlener gelber Leinsamen
85 g Kokosmehl
70 g Kokosraspel
Süßungsmittel entsprechend 100 g Zucker
1 ½ TL gemahlener Zimt
½ TL Natron
125 ml Kokosöl, zerlassen
1 Ei

- Den Ofen auf 190 °C vorheizen. Eine Donutform fetten.
- Leinsamen und 250 Milliliter kaltes Wasser in einer kleinen Schüssel verrühren und anschließend fünf Minuten ins Tiefkühlfach stellen.

- Kokosmehl, Kokosraspel, Süßungsmittel, Zimt und Natron in einer großen Schüssel gut vermischen. Das Kokosöl gründlich unterrühren.
- Die Leinsamen aus dem Tiefkühlfach holen und mit dem Ei verrühren, dann in die Kokosmischung gießen und unterrühren. Den Teig in die Donutform löffeln und wenn nötig in Ringe drücken.
- Zehn Minuten backen, bis die Donuts leicht federn und die Ränder goldbraun werden. In der Form fünf Minuten abkühlen lassen, dann zum vollständigen Auskühlen auf ein Kuchengitter stürzen.

Pro Donut: 189 Kalorien, 2 g Protein, 15 g Kohlenhydrate, 15 g Gesamtfett, 12 g gesättigte Fette, 5 g Ballaststoffe, 61 mg Natrium

Mini-Éclairs

Aktive Zeit: 5 Minuten/Gesamtzeit: 30 Minuten + Zeit zum Abkühlen

Für 8 Éclairs

Ja, Schokoladen-Éclairs! Und wirklich rundum gesund. Mit Schokoladenglasur (siehe Seite 347) sogar noch besser. Zum Befüllen bitte fünf Minuten Extrazeit einplanen.

125 ml Kokosmilch (Dose), gut verrührt
60 g Butter
4 EL Kokosmehl
2 TL gemahlener Flohsamen (nach Belieben)
⅛ TL Meersalz
2 Eier, zimmerwarm
250 ml Schlagsahne
Süßungsmittel entsprechend 2 EL Zucker
½ TL Vanillearoma
100 g Bitterschokolade (70 bis 85 % Kakao)

- Den Ofen auf 190 °C vorheizen. Ein Backblech mit Backpapier auslegen.
- Die Kokosmilch und die Butter in einem Topf auf mittlerer Stufe zum Kochen bringen. Vom Herd nehmen und Kokosmehl, Flohsamen und Salz auf einmal hinzugeben. Alles sorgfältig verrühren. Den Topf wieder auf den Herd stellen und weiterrühren, bis sich eine lockere Kugel bildet. Vom Herd nehmen und noch eine Minute weiterrühren, damit die Masse etwas ab-

kühlen kann. Die Eier nacheinander hinzugeben und jeweils gründlich einarbeiten. Weiterrühren, bis ein halbwegs gleichmäßiger, leicht glänzender Teig entsteht.

- Den Teig in acht Streifen von 5 bis 7 Zentimeter Breite auf das Backblech setzen oder spritzen. In 20 Minuten goldbraun backen, bis die Éclairs federn. Herausnehmen und auf einem Kuchengitter vollständig erkalten lassen.
- In der Zwischenzeit die Sahne mit dem Elektromixer auf höchster Stufe steif schlagen. Auf kleiner Stufe das Süßungsmittel und das Vanillearoma unterschlagen. Beiseitestellen.
- Die Schokolade in einem Topf zum Schmelzen bringen.
- Die abgekühlten Éclairs längs halbieren und den inneren Teig entfernen. Die unteren Hälften großzügig mit der Sahne füllen, dann die oberen Hälften wieder aufsetzen. Zum Schluss mit Schokolade beträufeln.

Pro Éclair: 280 Kalorien, 4 g Protein, 10 g Kohlenhydrate, 26 g Gesamtfett, 17 g gesättigte Fette, 4 g Ballaststoffe, 116 mg Natrium

KINDER-
FREUNDLICH

Mini-Schokoladenkuchen

Aktive Zeit: 5 Minuten/Gesamtzeit: 30 Minuten + Zeit zum Abkühlen

Für 4 Kuchen

Kinder mögen einen kleinen Kuchen ganz für sich allein.

Wenn eine feinere Konsistenz gewünscht ist, kann man anstelle des Allzweckmehls reines Mandelmehl (also blanchierte, gemahlene Mandeln) verwenden. Extreme Schokoladenfans verzieren den Kuchen mit Schokoladenglasur (siehe Seite 347) oder Schokoladencreme (siehe Seite 350).

Die Backzeit beträgt 25 Minuten, weshalb die Gesamtzeit die 30-Minuten-Vorgabe etwas überschreitet.

Fett für die Formen
160 g Allzweckmehl (siehe Seite 40)
2 EL ungesüßtes Kakaopulver
Süßungsmittel entsprechend 150 g Zucker
80 g Bitterschokolade (70 bis 85 % Kakao), in Stückchen
1 TL Weißweinessig
6 EL Kokosmilch, Milch oder Kondensmilch
½ EL zuckerfreier Sirup
1 Ei, durchgeschlagen

- Den Ofen auf 190 °C vorheizen. Vier Souffléeformen von 125 Milliliter Inhalt fetten.

- Das Allzweckmehl mit Kakao, Süßungsmittel und Schokoladenstückchen gut verrühren.
- Den Essig und die Kokosmilch oder andere Milch unterrühren und eine Minute stehen lassen. Den Sirup und das Ei sorgfältig unterrühren. Die Konsistenz soll einem normalen Rührteig entsprechen. Wenn der Teig zu fest ist, esslöffelweise etwas mehr Kokosmilch oder Milch hinzufügen.
- Die Masse auf die Förmchen verteilen. Auf ein Backblech setzen und 25 Minuten backen, bis ein in der Mitte eingestochener Zahnstocher sauber wieder herauskommt.

Pro Kuchen: 371 Kalorien, 12 g Protein, 21 g Kohlenhydrate, 30 g Gesamtfett, 10 g gesättigte Fette, 9 g Ballaststoffe, 195 mg Natrium

KINDER-
FREUNDLICH

Florida-Cupcakes

Aktive Zeit: 5 Minuten/Gesamtzeit: 30 Minuten + Zeit zum Abkühlen

Für 12 Cupcakes

Manche Kinder sind ganz wild auf das säuerliche Limettenaroma! Den Säuregrad kann man durch mehr oder weniger Limettensaft gut dosieren. Für eine leichtere Konsistenz anstelle des Allzweckmehls reines Mandelmehl aus blanchierten Mandeln verwenden.

Cupcakes:

500 g Allzweckmehl (siehe Seite 40)
Süßungsmittel entsprechend 200 g Zucker
½ TL Meersalz
250 ml Limettensaft
3 Eier

Creme:

240 g Frischkäse oder abgetropfter Quark, zimmerwarm
Süßungsmittel entsprechend 100 g Zucker
2 TL Limettensaft

- Den Ofen auf 175 °C vorheizen. Eine Muffinform mit zwölf Papierförmchen auslegen.
- **Für die Cupcakes:** Das Allzweckmehl mit Süßungsmittel und Salz gut verrühren. Den Limettensaft unterziehen und eine Minute quellen lassen. Die Eier durchschlagen und unterrühren.
- Den Teig gleichmäßig auf die Muffinförmchen verteilen und 20 Minuten backen, bis ein in der Mitte eines Cupcakes eingestochener Zahnstocher sauber wieder herauskommt.
- **Für die Verzierung:** Währenddessen Frischkäse oder Quark, Süßungsmittel und Limettensaft gut verrühren. Dekorativ auf die abgekühlten Cupcakes aufspritzen.

Pro Cupcake: 299 Kalorien, 11 g Protein, 13 g Kohlenhydrate, 25 g Gesamtfett, 5 g gesättigte Fette, 6 g Ballaststoffe, 350 mg Natrium

Grüntee-Cupcakes mit Pistazien

Aktive Zeit: 10 Minuten/Gesamtzeit: 30 Minuten + Zeit zum Abkühlen

Für 12 Cupcakes

Wie gesund grüner Tee ist, hat sich inzwischen herumgesprochen. Dass man ihn auch in Form von pulverisierten Grünteeblättern zu sich nehmen kann, ist jedoch weniger bekannt. Grünteepulver gibt es im Handel (meist aus der Sorte Matcha), oder man mahlt es selbst aus getrockneten Grünteeblättern.

Cupcakes:
500 g Allzweckmehl (siehe Seite 40)
Süßungsmittel entsprechend 200 g Zucker
120 g Pistazien, fein gehackt
½ TL Meersalz
2 TL Zitronensaft oder Weißweinessig
250 ml Buttermilch
60 ml Kokosöl, zerlassen
3 Eier

Creme:
240 g Frischkäse oder abgetropfter Quark, zimmerwarm
Süßungsmittel entsprechend 100 g Zucker
2 TL Grünteepulver
½ TL gemahlener Kardamom

- Den Ofen auf 175 °C vorheizen. Eine Muffinform mit zwölf Papierförmchen auslegen.
- **Für die Cupcakes:** Das Allzweckmehl mit Süßungsmittel, Pistazien und Salz verrühren. Zitronensaft oder Essig unterziehen und eine Minute quellen lassen. In einer zweiten Schüssel die Buttermilch mit Öl und Eiern verrühren. Unter den Teig ziehen.
- Den Teig gleichmäßig auf die Muffinförmchen verteilen und 20 Minuten backen, bis ein in der Mitte eines Cupcakes eingestochener Zahnstocher sauber wieder herauskommt.
- **Für die Verzierung:** Währenddessen Frischkäse oder Quark, Süßungsmittel, Grünteepulver und Kardamom gut verrühren. Dekorativ auf die abgekühlten Cupcakes aufspritzen.

Pro Cupcake: 322 Kalorien, 12 g Protein, 13 g Kohlenhydrate, 27 g Gesamtfett, 6 g gesättigte Fette, 7 g Ballaststoffe, 320 mg Natrium

Mandarinen-Cupcakes

Aktive Zeit: 5 Minuten/Gesamtzeit: 30 Minuten + Zeit zum Abkühlen

Für 12 Cupcakes

Frische Mandarinen ergeben zusammen mit der weizenfreien Backmischung wunderbar aromatische Cupcakes. Alternativ nehmen Sie den Saft von Clementinen oder Navelorangen.

Cupcakes:
500 g Allzweckmehl (siehe Seite 40)
Süßungsmittel entsprechend 200 g Zucker
½ TL Meersalz
250 ml Mandarinen- oder Orangensaft
3 Eier

Creme:
240 g Frischkäse oder abgetropfter Quark, zimmerwarm
Süßungsmittel entsprechend 100 g Zucker
2 TL Mandarinen- oder Orangensaft

- Den Ofen auf 175 °C vorheizen. Eine Muffinform mit zwölf Papierförmchen auslegen.
- **Für die Cupcakes**: Das Allzweckmehl mit Süßungsmittel und Salz gut verrühren. Zwei Teelöffel Saft für die Creme abnehmen und beiseitestellen. Den restlichen Saft zu den trockenen Zutaten geben und gründlich unterrühren. Ein bis zwei Minuten stehen lassen. Die Eier durchschlagen und unterrühren.

- Den Teig gleichmäßig auf die Muffinförmchen verteilen und 20 Minuten backen, bis ein in der Mitte eines Cupcakes eingestochener Zahnstocher sauber wieder herauskommt.
- **Für die Verzierung**: Währenddessen Frischkäse oder Quark, Süßungsmittel und zwei Teelöffel Mandarinen- oder Orangensaft gut verrühren. Dekorativ auf die abgekühlten Cupcakes aufspritzen.

Pro Cupcake: 303 Kalorien, 11 g Protein, 13 g Kohlenhydrate, 25 g Gesamtfett, 5 g gesättigte Fette, 6 g Ballaststoffe, 327 mg Natrium

Macadamia-Muffins

Aktive Zeit: 5 Minuten/Gesamtzeit: 30 Minuten
+ Zeit zum Abkühlen

Für 12 Muffins

Die Macadamianüsse harmonieren hier mit Zimt und Muskat. Bitte beachten: In der weizenfreien Küche verzichten wir auf ungesunde Zutaten – Fett zählt nicht dazu. Deshalb dürfen wir die fettreichen Macadamianüsse ohne Reue genießen.

Durch die Backzeit von 25 Minuten wird die 30-Minuten-Vorgabe leicht überschritten.

Fett für die Form
500 g Allzweckmehl (siehe Seite 40)
1 ½ TL Natron
Süßungsmittel entsprechend 300 g Zucker
90 g Macadamianüsse, gehackt
1 TL gemahlener Zimt
½ TL gemahlener Muskat
½ TL Meersalz
1 EL Zitronensaft oder Essig
2 EL zuckerfreier Sirup
3 Eier

- Den Ofen auf 175 °C vorheizen. Eine Muffinform mit zwölf Mulden fetten.
- Das Allzweckmehl mit Natron, Süßungsmittel, Nüssen, Zimt, Muskat und Salz gut verrühren.

- Den Zitronensaft oder Essig mit 125 Millilitern Wasser und Sirup verrühren, in die Grundmischung gießen und gut vermischen.
- Die Eier in einer kleinen Schüssel durchschlagen. Zum Teig hinzufügen und gut einarbeiten.
- Den Teig gleichmäßig auf die vorbereiteten Muffinförmchen verteilen und 25 Minuten backen, bis ein in der Mitte eines Muffins eingestochener Zahnstocher sauber wieder herauskommt.

Pro Muffin: 299 Kalorien, 11 g Protein, 14 g Kohlenhydrate, 25 g Gesamtfett, 3 g gesättigte Fette, 7 g Ballaststoffe, 425 mg Natrium

KINDER-
FREUNDLICH

Apfelstreuselmuffins

Aktive Zeit: 10 Minuten/Gesamtzeit: 30 Minuten + Zeit zum Abkühlen

Für 12 Muffins

Streusel sind bei Alt und Jung sehr beliebt. Für die Streusel können Sie beliebige Süßungsmittel verwenden. Xylit hat sich besonders bewährt, weil es das stabilste, krümeligste Ergebnis garantiert.

500 g Allzweckmehl (siehe Seite 40)
Süßungsmittel entsprechend 100 g Zucker
1 TL gemahlener Zimt
¼ TL gemahlener Muskat
½ TL Meersalz
250 g ungesüßtes Apfelmus
3 Eier
1 EL zuckerfreier Sirup
125 g kalte Butter, in kleinen Würfeln

- Den Ofen auf 165 °C vorheizen. Eine Muffinform mit zwölf Papierförmchen auslegen.
- Das Allzweckmehl mit Süßungsmittel, Zimt, Muskat und Salz gut verrühren. 250 Gramm von der Mehlmischung abmessen und beiseitestellen.

- Das Apfelmus mit den Eiern glatt rühren, in die Grundmischung gießen und gut unterrühren. Den Teig gleichmäßig auf die Muffinförmchen verteilen.
- **Für die Streusel:** Den Sirup in die beiseitegestellte Mehlmischung rühren. Die Butterstückchen allmählich hinzufügen und weiterrühren, bis eine krümelige Konsistenz entsteht. Mit einem Löffel auf den Muffins verteilen. 20 Minuten backen, bis ein in der Mitte eines Muffins eingestochener Zahnstocher sauber wieder herauskommt.

Pro Muffin: 311 Kalorien, 10 g Protein, 14 g Kohlenhydrate, 27 g Gesamtfett, 7 g gesättigte Fette, 7 g Ballaststoffe, 334 mg Natrium

KINDER-
FREUNDLICH

Apfelwhoopies

Aktive Zeit: 10 Minuten/Gesamtzeit: 30 Minuten + Zeit zum Abkühlen

Für 10 Whoopies

Diese kleinen Whoopies schmecken wie ein Stück Apfelkuchen – und sind genauso gesund wie Nüsse und Äpfel pur.

Fett für die Form

Teig:
250 g Allzweckmehl (siehe Seite 40)
90 g Walnüsse, fein gehackt
¼ TL gemahlener Ingwer oder Kardamom
Süßungsmittel entsprechend 100 g Zucker
125 g ungesüßtes Apfelmus, stückig
2 TL Zitronensaft
1 Ei, verrührt

Glasur:
2 EL Xylit
60 g Doppelrahmfrischkäse
½ TL Zitronensaft

- Den Backofen auf 175 °C vorheizen. Zehn Mulden einer Whoopieform* fetten.
- **Für die Whoopies:** Das Allzweckmehl mit Walnüssen, Ingwer oder Kardamom und Süßungsmittel mischen. Apfelmark, Zitronensaft und Ei gründlich unterrühren.
- Den Teig gleichmäßig auf die Whoopieförmchen verteilen und zehn Minuten backen, bis die Küchlein federn und goldbraun sind. In der Form fünf Minuten abkühlen lassen. Auf ein Kuchengitter stürzen und vollständig erkalten lassen.
- **Für die Glasur:** In der Zwischenzeit das Xylit in einer kleinen, mikrowellenfesten Schüssel mit dem Frischkäse verrühren. Auf hoher Stufe in Zehn-Sekunden-Schritten in der Mikrowelle schmelzen. Gründlich vermengen. Den Zitronensaft hinzufügen und unterrühren.
- Die abgekühlten Küchlein mit der Glasur beträufeln.

Pro Whoopie: 218 Kalorien, 7 g Protein, 9 g Kohlenhydrate, 19 g Gesamtfett, 3 g gesättigte Fette, 5 g Ballaststoffe, 135 mg Natrium

* **Hinweis:** Wenn weizenfreier Teig in den flachen Mulden einer Whoopieform gebacken wird, kann man mit einem schön gleichmäßigen Backergebnis rechnen. Ohne eine solche Form lassen sich die Küchlein aber auch mit der Hand formen: Ein Backblech mit Backpapier belegen, den Teig in zwölf Portionen aufteilen und jeweils zu einem Kreis von sieben bis acht Zentimeter Durchmesser flach drücken.

KINDER-
FREUNDLICH

Zimtwhoopies

Aktive Zeit: 5 Minuten/Gesamtzeit: 25 Minuten + Zeit zum Abkühlen

Für 10 Whoopies

Noch leckerer werden diese Whoopies mit vier Esslöffeln gehackten Pekannüssen oder Walnüssen im Teig. Natürlich kann man die Nüsse auch auf die Glasur streuen.

Fett für die Form

Teig:
250 g Allzweckmehl (siehe Seite 40)
2 TL gemahlener Zimt
Süßungsmittel entsprechend 100 g Zucker
1 TL Vanillearoma
125 ml Schlagsahne (mindestens 30 % Fett)
2 TL Zitronensaft
1 Ei, verrührt

Glasur:
2 EL Xylit
60 g Doppelrahmfrischkäse
½ TL Zitronensaft

- Den Backofen auf 175 °C vorheizen. Zehn Mulden einer Whoopieform* fetten.
- **Für die Whoopies:** Das Allzweckmehl mit Zimt und Süßungsmittel mischen. Vanille, Sahne, Zitronensaft und Ei gründlich unterrühren.
- Den Teig gleichmäßig auf die Whoopieförmchen verteilen und zehn Minuten backen, bis die Küchlein federn und goldbraun sind. In der Form fünf Minuten abkühlen lassen, dann zum vollständigen Auskühlen auf ein Kuchengitter stürzen.
- **Für die Glasur:** In der Zwischenzeit das Xylit in einer kleinen, mikrowellenfesten Schüssel mit dem Frischkäse verrühren. Auf hoher Stufe in Zehn-Sekunden-Schritten in der Mikrowelle schmelzen. Gründlich vermengen. Den Zitronensaft hinzufügen und unterrühren.
- Die Whoopies mit der Glasur beträufeln.

Pro Whoopie: 188 Kalorien, 6 g Protein, 7 g Kohlenhydrate, 16 g Gesamtfett, 4 g gesättigte Fette, 4 g Ballaststoffe, 130 mg Natrium

* **Siehe Hinweis unter Apfelwhoopies** (Seite 333).

Pflaumenwhoopies

Aktive Zeit: 5 Minuten/Gesamtzeit: 30 Minuten + Zeit zum Abkühlen

Für 10 Whoopies

Dieses Rezept sollten Sie immer im Hinterkopf haben, wenn Sie eine Portion Chia-Pflaumensauce zubereiten. Eine bessere Resteverwertung muss erst noch erfunden werden.

Teig:
250 g Allzweckmehl (siehe Seite 40)
Süßungsmittel entsprechend 100 g Zucker
5 EL Chia-Pflaumensauce (siehe Seite 77)
1 TL Zitronensaft
1 Ei, verrührt

Glasur:
2 EL Xylit
60 g Doppelrahmfrischkäse
½ TL Zitronensaft

- Den Backofen auf 175 °C vorheizen. Zehn Mulden einer Whoopieform * fetten.
- **Für die Whoopies:** Das Allzweckmehl mit dem Süßungsmittel mischen. Zwei Esslöffel von der Pflaumensauce, vier Esslöffel Wasser, Zitronensaft und Ei gründlich unterrühren.
- Den Teig gleichmäßig auf die Whoopieförmchen verteilen und zehn bis 15 Minuten backen, bis die Küchlein federn und gold-

braun sind. In der Form fünf Minuten abkühlen lassen. Auf ein Kuchengitter stürzen und vollständig erkalten lassen.

- **Für die Glasur:** In der Zwischenzeit das Xylit in einer kleinen, mikrowellenfesten Schüssel mit dem Frischkäse verrühren. Auf hoher Stufe in Zehn-Sekunden-Schritten in der Mikrowelle schmelzen. Gründlich vermengen. Den Zitronensaft hinzufügen und unterrühren.
- Die Whoopies mit der Glasur beträufeln. Auf die Glasur jeweils einen Tupfen Pflaumensauce setzen.

Pro Whoopie: 167 Kalorien, 6 g Protein, 9 g Kohlenhydrate, 13 g Gesamtfett, 2 g gesättigte Fette, 4 g Ballaststoffe, 135 mg Natrium

* **Siehe Hinweis unter Apfelwhoopies** (siehe Seite 333).

KINDER-
FREUNDLICH

Beerensahne

Aktive Zeit: 5 Minuten/Gesamtzeit: 10 Minuten

Für 4 Portionen

Für diese kleine Leckerei brauchen wir nur drei Zutaten.

160 g frische Beeren nach Wahl
(Erdbeeren, Himbeeren, Brombeeren)
Süßungsmittel entsprechend 2 EL Zucker
250 ml Schlagsahne

- Die Beeren mit dem Süßungsmittel in der Küchenmaschine zerkleinern (rund zehn Impulse).
- Die Sahne in einer großen Schüssel mit dem Elektromixer auf höchster Stufe steif schlagen. Die Beeren vorsichtig unterziehen. In Dessertgläser füllen und gleich servieren (oder zum späteren Verzehr kalt stellen).

Pro Portion: 223 Kalorien, 2 g Protein, 5 g Kohlenhydrate, 22 g Gesamtfett, 14 g gesättigte Fette, 2 g Ballaststoffe, 23 mg Natrium

Mokkakefir

Aktive Zeit: 5 Minuten/Gesamtzeit: 5 Minuten

Für 2 Portionen

Sie haben noch nie Kefir getrunken? Dann wartet hier eine echte Delikatesse. Dieses Rezept erinnert an Softeis.

500 ml Kefir
Süßungsmittel entsprechend 4 EL Zucker
1 TL Instantkaffeepulver
1 EL ungesüßtes Kakaopulver

- Kefir, Süßungsmittel, Kaffeepulver und Kakao in den Mixer geben und auf mittlerer Stufe cremig rühren.

Pro Portion: 120 Kalorien, 11 g Protein, 14 g Kohlenhydrate, 2 g Gesamtfett, 1 g gesättigte Fette, 1 g Ballaststoffe, 123 mg Natrium

KINDER-
FREUNDLICH

Erdbeerkefir

Aktive Zeit: 5 Minuten/Gesamtzeit: 5 Minuten

Für 2 Portionen

Ein beliebtes Kefirrezept für Kinder. Natürlich können Sie es auch mit Heidelbeeren, Brombeeren oder gemischten Beeren zubereiten.

500 ml Kefir
Süßungsmittel entsprechend 4 EL Zucker
80 g frische oder gefrorene Erdbeeren
2 Zweige Minze zum Garnieren (nach Belieben)

- Kefir, Süßungsmittel und Erdbeeren in den Mixer geben und auf mittlerer Stufe cremig rühren.
- Nach Belieben mit etwas Minze garnieren.

Pro Portion: 122 Kalorien, 11 g Protein, 15 g Kohlenhydrate, 2 g Gesamtfett, 1 g gesättigte Fette, 1 g Ballaststoffe, 124 mg Natrium

Zitronenmousse

Aktive Zeit: 5 Minuten/Gesamtzeit: 15 Minuten

Für 6 Portionen

Ein schnelles, leichtes Dessert, das in 15 Minuten fertig und verlockend sahnig ist. Ich garniere sie gern mit frischen Himbeeren.

250 ml Schlagsahne
120 g Frischkäse oder abgetropfter Quark, zimmerwarm
Geriebene Schale und Saft von 1 Zitrone
Süßungsmittel entsprechend 1 EL Zucker
1 TL Vanillearoma

- Die Sahne in einer großen Schüssel mit dem Elektromixer auf höchster Stufe steif schlagen. Beiseitestellen.
- In einer zweiten Schüssel mit demselben Mixer Frischkäse oder Quark mit der geriebenen Schale und dem Saft einer Zitrone, Süßungsmittel und Vanillearoma auf mittlerer Stufe aufschlagen. Die Sahne vorsichtig unter die Käsemasse heben, bis sich alles gleichmäßig verbunden hat. Gleich verzehren oder zum späteren Verzehr kalt stellen.

Pro Portion: 199 Kalorien, 2 g Protein, 3 g Kohlenhydrate, 20 g Gesamtfett, 12 g gesättigte Fette, 0 g Ballaststoffe, 75 mg Natrium

KINDER-
FREUNDLICH

Vanillepudding

Aktive Zeit: 5 Minuten/Gesamtzeit: 15 Minuten + Zeit zum Abkühlen

Für 4 Portionen

Seit der Erfindung des Puddingpulvers ist die Kunst, einen echten Pudding zu kochen, zunehmend in Vergessenheit geraten. Dieses Grundrezept lässt sich geschmacklich endlos abwandeln – geben Sie frische oder gefrorene Beeren hinzu, ein wenig Kakaopulver und dunkle Schokolade oder aber gehackte Nüsse. (Der fertige, abgekühlte Pudding kann in der Eismaschine auch zu Speiseeis weiterverarbeitet werden. Bitte beachten Sie dabei die Bedienungsanleitung Ihrer Maschine. Dank der Puddinggrundlage kann man dabei die übliche Kuhmilch durch Kokosmilch ersetzen, ohne dass die cremige, dicke Konsistenz darunter leidet. Das ist bei anderen milchfreien Eiszubereitungen oft sehr schwierig.)

375 ml Schlagsahne oder dickflüssige Kokosmilch (Dose)
4 Eigelb
Süßungsmittel entsprechend 100 g Zucker
¼ TL Meersalz
1 TL Vanillearoma
1 EL Butter, zimmerwarm

- Die Sahne oder Kokosmilch in einem Topf auf mittlerer bis hoher Stufe fünf Minuten erhitzen und dabei mit einem Holzlöffel umrühren, bis sich am Rand erste Bläschen bilden. Parallel dazu in einer Schüssel die Eigelbe mit Süßungsmittel, Salz und Vanille verrühren. Die heiße Sahne oder Kokosmilch langsam und gleichmäßig in die gesüßten Eigelbe rühren.
- In den Topf zurückschütten. Auf mittlerer Stufe unter ständigem Rühren fünf Minuten kochen, bis die Masse eindickt. Vom Herd nehmen und mit dem Schneebesen die Butter gut unterschlagen, bis eine glatte Puddingmasse entsteht.
- In eine saubere Schüssel gießen und Frischhaltefolie unmittelbar auf die Oberfläche legen, damit sich keine Haut bildet. Bis zum Verzehr kalt stellen.

Pro Portion: 394 Kalorien, 5 g Protein, 3 g Kohlenhydrate, 41 g Gesamtfett, 24 g gesättigte Fette, 0 g Ballaststoffe, 166 mg Natrium

KINDER-
FREUNDLICH

Karamellsauce

Aktive Zeit: 5 Minuten/Gesamtzeit: 20 Minuten
+ Zeit zum Abkühlen

Für rund 130 g

Das Rezept ähnelt der Vanilleglasur (siehe Seite 348), doch die Kochzeit ist etwas länger, damit sich ein kräftiger Karamellgeschmack samt der ansprechenden goldenen Farbe entwickelt. Mit der Karamellsauce kann man Vanillepudding (siehe Seite 342), Zimtdonuts (siehe Seite 316) oder auch Apfelstreuselmuffins (siehe Seite 330) verzieren.

60 g Butter
80 g Xylit
½ TL Vanillearoma
60 ml Schlagsahne

- Butter und Xylit in einem kleinen Topf auf mittlerer bis hoher Stufe erhitzen. Anfangs gründlich verrühren, beim Erhitzen jedoch nicht mehr rühren. Die Butter fünf Minuten anbräunen und das Xylit schmelzen lassen. Dabei den Topf nur gelegentlich schwenken.
- Den Topf vom Herd nehmen. Das Vanillearoma in die Sahne rühren und dann die Vanillesahne esslöffelweise in die süße Butter rühren. Vorsicht, dabei werden sich Blasen bilden und

platzen! Weiterhin schrittweise Vanillesahne hinzugeben und einrühren.

- Die Sauce vor dem Verzehr fünf Minuten abkühlen lassen.

Pro Esslöffel: 53 Kalorien, 0 g Protein, 1 g Kohlenhydrate, 6 g Gesamtfett, 3 g gesättigte Fette, 0 g Ballaststoffe, 6 mg Natrium

KINDER-
FREUNDLICH

Zitronensahne

Aktive Zeit: 5 Minuten/Gesamtzeit: 5 Minuten

Für 280 ml

Sie brauchen schnell ein feines Dessert? Dann servieren Sie diese köstliche Cremespeise mit ein paar Beeren.

250 ml Schlagsahne
1 TL Bio-Zitronenschale, gerieben
1 EL Zitronensaft

- Die Sahne in einer großen Schüssel mit dem Elektromixer auf höchster Stufe steif schlagen. Zitronenschale und Zitronensaft vorsichtig unterziehen. Sofort verwenden oder zugedeckt maximal einen Tag im Kühlschrank aufheben.

Pro Esslöffel: 35 Kalorien, 0 g Protein, 0 g Kohlenhydrate, 4 g Gesamtfett, 2 g gesättigte Fette, 0 g Ballaststoffe, 4 mg Natrium

KINDER-FREUNDLICH

Schokoladenglasur

Aktive Zeit: 5 Minuten/Gesamtzeit: 10 Minuten + Zeit zum Abkühlen

Für 310 ml

Eine Glasur für Kekse, Cupcakes oder Muffins. Milchallergiker nehmen statt Sahne Kokosmilch. Je nach Sahnemenge fällt die Glasur dünner oder dicker aus.

200 g Bitterschokolade (85 % Kakao), gehackt
2 EL Butter, zimmerwarm
125 ml Schlagsahne

- Die Schokolade im Wasserbad schmelzen lassen.
- Vom Herd nehmen und die Butter unterrühren, bis sie sich mit der Schokolade verbunden hat. Zuletzt die Sahne gleichmäßig unterrühren.
- Vor der Verwendung einige Minuten abkühlen lassen.

Pro Esslöffel: 80 Kalorien, 1 g Protein, 5 g Kohlenhydrate, 8 g Gesamtfett, 4 g gesättigte Fette, 1 g Ballaststoffe, 12 mg Natrium

KINDER-
FREUNDLICH

Vanilleglasur

Aktive Zeit: 5 Minuten/Gesamtzeit: 10 Minuten + Zeit zum Abkühlen

Für rund 80 ml

Dank der speziellen Eigenschaften von Xylit, das sich beim Backen fast wie Zucker verhält, erinnert diese Glasur an Karamell.

60 ml Schlagsahne
½ TL Vanillearoma
60 g Xylit
1 EL Butter

Die Sahne, das Vanillearoma und das Xylit in einem kleinen Topf auf kleiner Stufe unter ständigem Rühren erhitzen, bis die Masse schaumig wird. Weiter ständig rühren und ein bis zwei Minuten kochen, bis sich am Rand des Topfes Blasen bilden. Die Glasur soll nicht anbrennen! Vom Herd nehmen. Die Butter gleichmäßig einrühren und vor der Verwendung einige Minuten abkühlen lassen, bis die gewünschte Konsistenz erreicht ist.

Pro Esslöffel: 20 Kalorien, 0 g Protein, 0 g Kohlenhydrate, 2 g Gesamtfett, 1 g gesättigte Fette, 0 g Ballaststoffe, 8 mg Natrium

KINDER-
FREUNDLICH

Erdbeerglasur

Aktive Zeit: 5 Minuten/Gesamtzeit: 15 Minuten + Zeit zum Abkühlen

Für 375 ml

Eine sirupartige Glasur für Eis oder Pudding, Pfannkuchen oder Frühstückskäsekuchen (siehe Seite 112).

Das Xylit wird hier aufgrund seiner speziellen Eigenschaften eingesetzt. Mit anderen Süßungsmitteln wie Stevia oder Erythrit erzielt man keinen Glasureffekt.

700 g frische Erdbeeren, entstielt und geviertelt
4 EL Xylit

- Die Erdbeeren mit dem Xylit in der Küchenmaschine oder im Mixer pulsierend pürieren.
- Die Mischung in einen Topf umfüllen und auf mittlerer Stufe erhitzen, bis sie schäumt und blubbert. Auf kleine Stufe herunterschalten.
- Fünf Minuten kochen lassen und dabei regelmäßig umrühren, bis eine sirupartige Masse entsteht. Vorsicht, die Glasur soll jetzt keine Blasen mehr schlagen und darf nicht anbrennen. Vom Herd nehmen und abkühlen lassen.

Pro Esslöffel: 8 Kalorien, 0 g Protein, 2 g Kohlenhydrate, 0 g Gesamtfett, 0 g gesättigte Fette, 0 g Ballaststoffe, 0 mg Natrium

KINDER-
FREUNDLICH

Schokoladencreme

Aktive Zeit: 5 Minuten/Gesamtzeit: 5 Minuten

Für 310 g

Eine feine Buttercreme, die jedem Fertigprodukt den Rang abläuft. Davon sollte immer eine kleine Portion im Kühlschrank stehen, um einen Kokos-Schoko-Muffin (siehe Seite 134) zu bestreichen.

125 g Butter, zimmerwarm
120 g Frischkäse oder abgetropfter Quark, zimmerwarm
Süßungsmittel entsprechend 100 g Zucker
4 EL ungesüßtes Kakaopulver
1 EL Schlagsahne
1 TL Vanillearoma

- Butter, Frischkäse und Süßungsmittel, am besten Xylit, in einer Schüssel mit dem Elektromixer bei mittlerer Stufe schaumig aufschlagen.
- Kakao, Sahne und Vanille unterziehen und erneut gleichmäßig aufschlagen.

Pro Esslöffel: 66 Kalorien, 1 g Protein, 1 g Kohlenhydrate, 7 g Gesamtfett, 4 g gesättigte Fette, 0 g Ballaststoffe, 59 mg Natrium

KINDER-
FREUNDLICH

Vanillecreme

Aktive Zeit: 5 Minuten/Gesamtzeit: 5 Minuten

Für 330 g

Eine einfache Vanillecreme, die zum Dessert oder Kuchen ebenso gut schmeckt wie auf einem Bratapfelmuffin zum Frühstück (siehe Seite 131).

125 g Butter, zimmerwarm
120 g Frischkäse oder abgetropfter Quark, zimmerwarm
Süßungsmittel entsprechend 100 g Zucker
1 EL Schlagsahne
1 TL Vanillearoma

- Butter, Frischkäse und Süßungsmittel, am besten Xylit, in einer Schüssel mit dem Elektromixer bei mittlerer Stufe schaumig aufschlagen.
- Die Sahne und die Vanille unterziehen und erneut gleichmäßig aufschlagen.

Pro Esslöffel: 77 Kalorien, 1 g Protein, 1 g Kohlenhydrate, 8 g Gesamtfett, 5 g gesättigte Fette, 0 g Ballaststoffe, 58 mg Natrium

KINDER-
FREUNDLICH

Kokosmakronen

Aktive Zeit: 10 Minuten/Gesamtzeit: 25 Minuten + Zeit zum Abkühlen

Für 8 Stück

Wenige Zutaten, unwiderstehlicher Geschmack! Da alle ungesunden Inhaltsstoffe gegen gesunde ausgetauscht wurden, können Sie diese Makronen bedenkenlos zum Frühstück oder zum Dessert essen.

Probieren Sie auch Orangen-Kokosmakronen: Nach dem Hinzufügen des Süßstoffs noch einen Viertel Teelöffel gemahlene Nelken sowie die geriebene Schale einer Bio-Orange und den Saft einer halben Orange unterziehen.

3 Eiweiß
¼ TL Weinsteinbackpulver
200 g Kokosraspel
Süßungsmittel entsprechend 100 g Zucker (siehe Hinweis)

- Den Ofen auf 175 °C vorheizen. Ein Backblech mit Backpapier auslegen.
- Das Eiweiß mit dem Weinsteinbackpulver in einer großen Schüssel mit dem Elektromixer auf höchster Stufe steif schlagen, bis sich weiche Spitzen bilden.
- Kokosraspel und Süßungsmittel unter den Eischnee heben.

- Auf dem Backblech acht Makronen formen (aus je vier Esslöffeln Teig). 15 Minuten backen, bis die Makronen goldbraun und einigermaßen fest sind.
- Vor dem Verzehr erkalten lassen.

Hinweis: Ein grobkörniges Süßungsmittel wie Xylit vor der Verwendung 30 Sekunden in der Küchenmaschine pulverisieren.

Pro Portion (1 Makrone): 167 Kalorien, 3 g Protein, 5 g Kohlenhydrate, 15 g Gesamtfett, 13 g gesättigte Fette, 3 g Ballaststoffe, 27 mg Natrium

Mokkamakronen

Aktive Zeit: 5 Minuten/Gesamtzeit: 20 Minuten + Zeit zum Abkühlen

Für 20 Stück

Diese Makrönchen schmecken pur, mit Schlagsahne, mit etwas Schokoladenglasur (siehe Seite 347) oder zu Pudding und Speiseeis.

2 Eiweiß
200 g Kokosraspel
125 g Allzweckmehl (siehe Seite 40)
Süßungsmittel entsprechend 200 g Zucker
6 EL ungesüßtes Kakaopulver
2 TL Instantkaffeepulver
¼ TL Meersalz
125 ml Kokosmilch (Dose)

- Den Ofen auf 175 °C vorheizen. Zwei Backbleche mit Backpapier auslegen.
- Das Eiweiß in einer großen Schüssel mit dem Elektromixer auf höchster Stufe steif schlagen.
- Kokosraspel, Allzweckmehl, Süßungsmittel, Kakao, Kaffeepulver und Salz unterziehen. Die Kokosmilch gleichmäßig unterrühren.
- Den Teig in 20 gleich großen Häufchen auf das Backblech setzen. 15 Minuten backen, bis die Makronen federn.

Pro Portion (1 Makrone): 113 Kalorien, 3 g Protein, 5 g Kohlenhydrate, 10 g Gesamtfett, 6 g gesättigte Fette, 3 g Ballaststoffe, 56 mg Natrium

Zitronen-Ananas-Pralinés

Aktive Zeit: 5 Minuten/Gesamtzeit: 15 Minuten + Zeit zum Abkühlen

Für 30 Stück

Der süßsaure Geschmack von Ananas und Zitrone verwandelt diese kleine Leckerei in köstlich frische Pralinés.

200 g Kokosraspel
1 Dose Ananas (240 g), zerdrückt, abgetropft
Geriebene Schale und Saft von 1 Bio-Zitrone
240 g Frischkäse oder abgetropfter Quark, zimmerwarm
Süßungsmittel entsprechend 3 EL Zucker

- 200 Gramm Kokosraspel in der Küchenmaschine mit einigen Impulsen zerkleinern. In eine große Schüssel schütten. Die restlichen Kokosraspel in einen Teller geben und beiseitestellen.
- Ananas, Zitronenschale, Zitronensaft, Frischkäse und Süßungsmittel in die große Schüssel zu den feinen Kokosraspeln geben und gut verrühren.
- Aus der Mischung 30 kleine Häufchen auf ein Backblech setzen und zu Kugeln von 2,5 cm Durchmesser rollen. Falls die Masse zu klebrig ist, die Hände mit Wasser anfeuchten. Die Pralinés in den restlichen Kokosraspeln wenden, dekorativ auf eine Platte setzen und vor dem Anbieten mindestens 30 Minuten kalt stellen.

Pro Kugel: 77 Kalorien, 1 g Protein, 3 g Kohlenhydrate, 7 g Gesamtfett, 5 g gesättigte Fette, 1 g Ballaststoffe, 26 mg Natrium

KINDER-
FREUNDLICH

Erdnusskekse

Aktive Zeit: 10 Minuten/Gesamtzeit: 25 Minuten + Zeit zum Abkühlen

Für 30 Stück

Für Kinder vor dem Backen in jeden Keks mit dem Löffelrücken eine kleine Mulde drücken und nach dem Backen und Abkühlen etwas zuckerfreien Fruchtaufstrich hineingeben, wie unsere Chia-Pflaumensauce (siehe Seite 77).

Statt Erdnussbutter können Sie auch jede andere Nussbutter verwenden, z. B. aus Mandeln, Haselnüssen oder Sonnenblumenkernen.

60 g Allzweckmehl (siehe Seite 40)
75 g Erdnüsse, fein gehackt
Süßungsmittel entsprechend 150 g Zucker
500 g Erdnussbutter, zimmerwarm
1 EL zuckerfreier Sirup
2 Eier
1 TL Vanillearoma

- Den Ofen auf 175 °C vorheizen. Zwei Backbleche mit Backpapier auslegen.
- Das Allzweckmehl mit den Erdnüssen und dem Süßungsmittel mischen. Die Erdnussbutter, den Sirup, die Eier und die Vanille gründlich unterrühren.

- Den Teig in 30 gleich großen Häufchen von etwa 3 cm Durchmesser auf das Backblech setzen. Leicht flach drücken, entweder mit der Hand oder kreuzweise mit den Zinken einer Gabel. 15 Minuten backen, bis die Kekse ganz leicht gebräunt sind. Eine Minute auf dem Backblech abkühlen lassen, dann zum vollständigen Auskühlen auf ein Kuchengitter setzen.

Pro Keks: 137 Kalorien, 5 g Protein, 5 g Kohlenhydrate, 11 g Gesamtfett, 1 g gesättigte Fette, 2 g Ballaststoffe, 78 mg Natrium

Pekan-Ananas-Konfekt

Aktive Zeit: 10 Minuten/Gesamtzeit: 20 Minuten + Zeit zum Abkühlen

Für 30 Stück

Dieses Konfekt macht erstaunlich satt, ob als Nachtisch oder zwischendurch.

100 g Pekannüsse, gemahlen
3 EL Butter, zerlassen
Süßungsmittel entsprechend 4 EL Zucker
1 Dose Ananas (240 g), zerdrückt, abgetropft
240 g Frischkäse oder abgetropfter Quark, zimmerwarm
15 Pekannüsse, halbiert

- 30 Konfektkapseln aus Papier auf ein Backblech oder eine Kuchenplatte setzen.
- Die gemahlenen Nüsse, die Butter und das Süßungsmittel in eine Schüssel geben. Gründlich vermengen. Gleichmäßig auf die Papierförmchen verteilen und mit den Fingern oder mit einem Löffel festdrücken. Beiseitestellen.
- In einer zweiten Schüssel die Ananas mit dem Frischkäse gründlich verrühren. Gleichmäßig auf die Förmchen mit der »Pekanbutter« verteilen. Je eine halbe Pekannuss daraufsetzen und mindestens 30 Minuten kalt stellen.

Pro Stück: 77 Kalorien, 1 g Protein, 2 g Kohlenhydrate, 8 g Gesamtfett, 2,5 g gesättigte Fette, 1 g Ballaststoffe, 34 mg Natrium

Cognac-Trüffel

Aktive Zeit: 5 Minuten/Gesamtzeit: 30 Minuten

Für 30 Stück

Cognac ist eine weizenfreie Spezialität, die wunderbar zu Kakao passt. Dieses einfache Rezept ergibt feine Pralinen mit zartschmelzender Creme, die einen angenehmen Cognacgeschmack hinterlassen. Genau das Richtige zum Espresso nach einem guten Essen.

180 g Bitterschokolade (85 % Kakao), gehackt
1 EL zuckerfreier Sirup
Süßungsmittel entsprechend 100 g Zucker
2 EL Cognac
180 ml Schlagsahne
4 EL ungesüßtes Kakaopulver

- Ein Backblech oder einen Kuchenteller mit Backpapier auslegen.
- Die Schokolade im Wasserbad schmelzen. Sirup, Süßungsmittel und Cognac unter die heiße Schokolade rühren. Vom Herd nehmen.
- In der Zwischenzeit die Sahne mit dem Elektromixer auf höchster Stufe steif schlagen. Die Sahne vorsichtig unter die Schokoladenmischung ziehen, wodurch sich eine relativ steife Masse ergibt.
- Das Kakaopulver in einen tiefen Teller füllen. Mit zwei Löffeln oder einem Eiskugelformer kleine Portionen Trüffelmasse aus der Schüssel entnehmen und mit den Händen zu Kugeln rollen.

Zunächst auf das Backblech setzen, dann alle Kugeln in Kakaopulver wenden.

- Luftdicht verschlossen halten sich die Trüffeln im Kühlschrank bis zu einer Woche.

Pro Trüffel: 54 Kalorien, 1 g Protein, 3 g Kohlenhydrate, 5 g Gesamtfett, 3 g gesättigte Fette, 1 g Ballaststoffe, 4 mg Natrium

KINDER-
FREUNDLICH

Macadamia-Fudge

Aktive Zeit: 5 Minuten/Gesamtzeit: 15 Minuten + Zeit zum Abkühlen

Für 32 Portionen

Unverschämt lecker – und trotzdem entspricht dieses Konfekt allen Vorgaben des Buches! Anstelle von Macadamianüssen kann man auch andere Nüsse wie Walnüsse, Pekannüsse oder Pistazien verwenden.

240 g Bitterschokolade (85 % Kakao), gehackt
240 g Frischkäse oder abgetropfter Quark, zimmerwarm
Süßungsmittel entsprechend 200 g Zucker
6 EL Schlagsahne
1 TL Vanillearoma
1 TL Mandelextrakt
80 g ungesalzene, trocken geröstete Macadamianüsse, gehackt

- Eine Kuchenform von 20 × 20 cm fetten.
- Die Schokolade im Wasserbad schmelzen. Alternativ die Schokolade in der Mikrowelle auf hoher Stufe in 15-Sekunden-Schritten schmelzen. Zwischendurch umrühren.
- Den Frischkäse oder Quark und das Süßungsmittel in einer Schüssel mit dem Elektromixer bei mittlerer Stufe cremig schlagen. Die Sahne sowie das Vanille- und Mandelaroma hinzufügen und unterrühren. Jetzt die Schokolade gleichmäßig unter-

rühren, zum Schluss die Nüsse. In die Backform streichen und kalt stellen, bis das Konfekt fest ist.

Pro Portion: 92 Kalorien, 2 g Protein, 3 g Kohlenhydrate, 10 g Gesamtfett, 5 g gesättigte Fette, 1 g Ballaststoffe, 24 mg Natrium

KINDER-
FREUNDLICH

Nussschokolade

Aktive Zeit: 10 Minuten/Gesamtzeit: 20 Minuten + Zeit zum Abkühlen

Für 15 Portionen

Wer mag, kann diese Schokolade mit Mandelbutter bestreichen. Ohne Reue.

240 g Bitterschokolade (85 % Kakao), gehackt
1 TL Kokosöl
225 g gemischte Nüsse
(Pistazien, Cashewkerne, Mandeln, Paranüsse, Walnüsse, Pekannüsse, Macadamias), roh oder trocken geröstet, gehackt

- Ein Backblech von 22 × 22 cm mit Backpapier oder Alufolie auslegen.
- Die Schokolade mit dem Öl unter Rühren im Wasserbad schmelzen. Vom Herd nehmen. Die Nüsse hineingeben und gründlich in der Schokolade wenden.
- Die Mischung gleichmäßig auf das Backblech streichen. 30 Minuten kalt stellen, bis die Schokolade fest ist, dann in Stücke brechen.

Pro Portion: 170 Kalorien, 5 g Protein, 8 g Kohlenhydrate, 16 g Gesamtfett, 6 g gesättigte Fette, 4 g Ballaststoffe, 87 mg Natrium

Knabbernüsschen

Aktive Zeit: 5 Minuten/Gesamtzeit: 15 Minuten

Für 16 Portionen

Handelsübliche gesalzene Nüsse sind praktisch immer mit hydrogenisierten Fetten (Transfetten) überzogen, damit das Salz haften bleibt. Damit wird etwas überaus Gesundes (die Nüsse) durch schlechte Fette zu einer Gesundheitsbelastung.

Machen Sie Ihre gewürzten Nüsse daher lieber selbst. Es ist einfach, und mit unseren Gewürzmischungen geht es schnell. Für andere Geschmacksrichtungen Knoblauchpulver, Zwiebelpulver, Paprika oder zerstoßenen Pfeffer und Salz verwenden.

450 g rohe Nüsse (Mandeln, Walnüsse, Pekannüsse, Pistazien, Paranüsse, Haselnüsse, Kürbiskerne oder Sonnenblumenkerne)
2 EL Kokosöl, zerlassen
1 bis 2 EL Cajun-Gewürz (siehe Seite 84) **oder Taco-Gewürz** (siehe Seite 83)
½ TL Meersalz

- Den Ofen auf 175 °C vorheizen.
- Nüsse, Öl, Gewürzmischung und Salz in einer großen Schüssel gründlich mischen.
- Auf einem Backblech ausbreiten und zehn Minuten leicht rösten, dabei einmal wenden.

Pro Portion (4 Esslöffel): 193 Kalorien, 5 g Protein, 6 g Kohlenhydrate, 18 g Gesamtfett, 3 g gesättigte Fette, 3 g Ballaststoffe, 61 mg Natrium

Chilimandeln

Aktive Zeit: 5 Minuten/Gesamtzeit: 25 Minuten

Für rund 250 g

Eine Nussmischung für alle, die es gern scharf mögen: mit Chili, scharfer Paprika und Meerrettich.

200 g rohe Mandeln
1 TL gemahlene Chipotle-Chilis
1 TL Chilipulver
½ TL scharfe Paprika, gemahlen (nach Belieben)
1 TL Meerrettichpulver
1 TL Senfpulver
2 TL Meersalz
2 TL Kokosöl, zerlassen
2 TL Essig

- Den Ofen auf 140 °C vorheizen.
- Die Mandeln mit den Gewürzen und dem Öl in eine Schüssel geben. Gründlich vermengen. Zuletzt den Essig unterrühren.
- Alles auf einem großen Backblech ausbreiten und 20 Minuten backen, dabei einmal wenden. Die Nüsse sollen leicht geröstet sein und gut duften.

Pro Portion (4 Esslöffel): 225 Kalorien, 8 g Protein, 8 g Kohlenhydrate, 19 g Gesamtfett, 2 g gesättigte Fette, 5 g Ballaststoffe, 394 mg Natrium

KINDER-
FREUNDLICH

Schokoladen-Erdnuss-Kuchen

Aktive Zeit: 5 Minuten/Gesamtzeit: 10 Minuten

Für 1 Portion

Dieser schnelle Minikuchen stillt jeden Süßhunger.

3 EL gemahlene Mandeln
1 EL gemahlener gelber Leinsamen
2 EL ungesüßtes Kakaopulver
Süßungsmittel entsprechend 2 EL Zucker
¼ TL Backpulver
¼ TL Salz
1 EL Erdnussbutter, zimmerwarm
2 EL Milch
1 EL Kokosöl oder Butter, zerlassen
½ TL Joghurt (nach Belieben)

- Alle trockenen Zutaten mit einer Gabel in einem Kaffeebecher gleichmäßig verrühren.
- Erdnussbutter, Milch und Öl oder Butter in einer separaten Schüssel verrühren. Die feuchten Zutaten unter die trockenen ziehen und eine bis zwei Minuten auf hoher Stufe in der Mikrowelle garen.

- Nach Belieben mit einem Tupfen Joghurt oder Schlagsahne dekorieren.

Pro Portion: 313 Kalorien, 9 g Protein, 15 g Kohlenhydrate, 29 g Gesamtfett, 14 g gesättigte Fette, 8 g Ballaststoffe, 423 mg Natrium

Meerrettichmandeln

Aktive Zeit: 5 Minuten/Gesamtzeit: 25 Minuten

Für 8 Portionen (250 g)

Eine selbst gemachte Version der kräftig gewürzten Wasabi-Mandeln aus der Dose. So können Sie sicher sein, weder Weizen noch Maltodextrin zu verzehren.

250 g rohe Mandeln
1 TL Meerrettichpulver
1 TL Senfpulver
2 TL Meersalz
2 TL Tamari- oder glutenfreie Sojasauce
2 TL Kokosöl, zerlassen
2 TL Essig

- Den Ofen auf 140 °C vorheizen.
- Die Mandeln mit den Gewürzen, der Tamari- oder Sojasauce und dem Öl in eine Schüssel geben. Gründlich vermengen. Zuletzt den Essig unterrühren.
- Alles auf einem großen Backblech ausbreiten und 20 Minuten backen, dabei einmal wenden. Die Nüsse sollen leicht geröstet sein und gut duften.

Pro Portion (4 Esslöffel): 219 Kalorien, 8 g Protein, 8 g Kohlenhydrate, 19 g Gesamtfett, 2 g gesättigte Fette, 5 g Ballaststoffe, 472 mg Natrium

Menüvorschläge für besondere Anlässe

Die nachfolgenden Vorschläge sind thematisch zusammengestellt, mal für Sonntagsbrunch, mal für den gemütlichen Abend mit Freunden. Oder Sie lassen sichinspirieren, wenn es einfach etwas Besonderes sein soll.

Für ein komplettes Menü reichen 30 Minuten allerdings nicht aus. Man muss also entsprechend planen. Abgesehen von den Gerichten, die mit einem Stern (*) gekennzeichnet sind, finden Sie alle Vorschläge in diesem Kochbuch.

Pizzaabend

Alles, natürlich weizenfrei, für einen lustigen Abend in geselliger Runde! Belegen Sie Ihre Pizzen nach Belieben mit Fleisch, Gemüse und Käse aller Art. Die beiden Rezepte aus diesem Buch sind eine gute Basis. Viele Menschen trinken zur Pizza gern ein Bier, daher sollten Sie sich rechtzeitig nach glutenfreien Sorten umsehen. Das Menü:

- Pizza mit Käse, Schinken und Oliven (siehe Seite 244) oder mit Grünkohl, Zwiebeln und Ziegenkäse (siehe Seite 298)
- Zum Nachtisch Apfelwhoopies (siehe Seite 332), Zimtwhoopies (siehe Seite 334) oder Pflaumenwhoopies (siehe Seite 336)
- Glutenfreies Bier oder (für Menschen, die nicht glutensensitiv reagieren, aber Weizen meiden wollen) weizenfreies Bier

Auf zum Mexikaner!

Ein lustiger mexikanischer Abend schreit nach:

- Guacamole (siehe Seite 60) und Pita-Chips (siehe Seite 50)
- Barbecue Beef-Quesadillas (siehe Seite 218)
- Poblano-Rindfleisch-Tortillas (siehe Seite 226) oder Chorizo-Shrimps-Tortillas (siehe Seite 286)
- Taco-Wraps mit Salat (siehe Seite 209)
- Zum Nachtisch Vanillepudding (siehe Seite 342) mit gehackten Erdnüssen, Schokoladenglasur (siehe Seite 347) und Zimt

Gemütliche Runde

Manchmal möchte die Familie gemütlich zusammensitzen und dabei etwas knabbern. Dank unserer Rezepte verwandelt sich vieles, was wir sonst mit schlechtem Gewissen gefuttert hätten, in gesunde Nahrung ohne schädliche Nebenwirkungen wie Sodbrennen. Das Menü:

- Knabbernüsschen (siehe Seite 366) oder Chilimandeln (siehe Seite 367)
- Barbecue-Huhn im Speckmantel (siehe Seite 254)
- Gebackene Hähnchenschenkel (siehe Seite 248)
- Peperonibrot (siehe Seite 166)
- Erdnusskekse (siehe Seite 356)
- Glutenfreies Bier oder (für Menschen, die nicht glutensensitiv reagieren, aber Weizen meiden wollen) weizenfreies Bier

Wie vom Chinesen

Da diese Gerichte weder Reis noch Weizen enthalten, machen sie lange satt. Dazu am besten glutenfreie Soja- oder Tamarisauce reichen, vielleicht auch eine gute Senfsauce. Das Menü:

- Grüner Tee, vorab zubereitet
- Chinesische Eiersuppe (siehe Seite 146)
- Auberginenpfanne Tokio auf Shirataki-Nudeln (siehe Seite 306)
- »Reispfanne« mit Schweinefleisch (siehe Seite 204)
- Zum Nachtisch Vanillepudding (siehe Seite 342) mit frisch gemahlenem oder getrocknetem Muskat oder Grüntee-Cupcakes mit Pistazien (siehe Seite 324)

Picknick

Ein frischer Salat, ein leichtes Sandwich oder ein Wrap, Cupcakes und Sonnenschein – kann das Leben schöner sein? Das Menü:

- Frischer Tomaten-Gurken-Salat mit roter Zwiebel und Tsatsiki (siehe Seite 64)
- Avocado-Schinken-Sandwiches (siehe Seite 162), Eiersalat-Wraps (siehe Seite 175) oder Peperonipizza-Wraps (siehe Seite 179)
- Mandarinen-Cupcakes (siehe Seite 326)

Romantischer Abend

Wenn es gehörig knistern soll, muss das Essen einen zarten Duft verströmen; es soll nicht übermäßig kompliziert sein, sondern mit Liebe zubereitet. Ein feines Dessert rundet die Mahlzeit ab. Hier ist auch ein guter Wein und vielleicht ein feiner Digestif genau das Richtige. Das Menü:

- Als Vorspeise Tomatensuppe mit Fenchel (siehe Seite 141) oder grüner Salat mit marokkanischer Vinaigrette (siehe Seite 74)
- Als Hauptgang Marokkohuhn mit gerösteter Paprika (siehe Seite 246), Kabeljau mit Parmesankruste (siehe Seite 273) oder Steak Béarnaise (siehe Seite 210)
- Artischocken, Pancetta und Grünkohl mit Parmesanflöckchen (siehe Seite 186), Einsiedler-Champignons (siehe Seite 197) oder marinierte Champignons (siehe Seite 195) als Beilage
- Weinempfehlungen: Pinot Grigio zu Huhn oder Fisch; Merlot oder Cabernet Sauvignon zum Steak

- Zum Nachtisch Cognac-Trüffel (siehe Seite 360), Mini-Schokoladenkuchen (siehe Seite 320) oder Kokosmakronen (siehe Seite 352)
- Dazu Courvoisier oder anderer Cognac

Filmabend

Fingerfood zum Knabbern, egal ob es spannend, romantisch oder lustig hergeht!

- Knabbernüsschen (siehe Seite 366) oder Meerrettichmandeln (siehe Seite 370)
- Nussschokolade (siehe Seite 364)
- Sandwicheis (aus Vanillepudding, siehe Seite 342, zwischen zwei Erdnusskeksen, siehe Seite 356) oder Zimtdonuts (siehe Seite 316)

Italienisches Menü

Auch ohne Weißbrot und Pasta hat Italien viel zu bieten. Das wahre Aroma stammt schließlich aus Tomaten, Oregano, Basilikum, Pilzen und einem guten Rotwein. Das Menü:

- Als Vorspeise grüner Salat mit halbierten Mozzarella-Kugeln und Kirschtomaten* und italienischer Vinaigrette (siehe Seite 75)
- Als Hauptgang Fleischbällchen in Rotweinsauce (siehe Seite 168) auf Shirataki-Nudeln
- Als Beilage marinierte Champignons (siehe Seite 195) oder Einsiedler-Champignons (siehe Seite 197)

- Zum Nachtisch Frühstückskäsekuchen (siehe Seite 112) mit Erdbeerglasur (siehe Seite 349)

New Orleans Jamboree

So feiern wir Amerikaner Fastnacht, denn in New Orleans geht es um diese Zeit hoch her. Zum Abschluss erholt sich der Gaumen mit feinem Vanillepudding mit Karamellsauce und einem ordentlichen Milchkaffee. Das Menü:

- Gefüllte Eier mit Cajun-Mayonnaise (siehe Seite 68)
- Jambalaya (siehe Seite 238), gebackener Fisch mit Shrimpsauce (siehe Seite 266) oder karibische Hähnchenschnitzel (siehe Seite 256)
- Als Beilage pikanter Grünkohl (siehe Seite 192)
- Als Nachtisch Vanillepudding (siehe Seite 342) mit Pekannüssen und Karamellsauce (siehe Seite 344)
- Dazu Café au lait*

Indisches Menü

Wenn es mal etwas Exotisches sein soll, bietet sich eine Zusammenstellung aus indischen Gerichten an, mit einer kleinen Süßigkeit und den würzigen Düften eines guten Chai zum Abschluss.

Bei einer Zusammenstellung mehrerer Currys sollte für jeden etwas dabei sein, zum Beispiel eine Vindaloo Curry Paste (aus dem Glas) zu den Shrimps und eine Garam Masala-Mischung zu Reis oder Gemüse. Das Menü:

- Als Grundlage Curryreis (siehe Seite 203) oder Gemüsecurry (siehe Seite 294)
- Shrimps-Curry (siehe Seite 288)
- Palak Paneer (siehe Seite 300)
- Als Nachtisch Zitronen-Ananas-Pralinés (siehe Seite 355)
- Dazu Chai-Tee mit Kokosmilch*

Sonntagsbrunch

Ein Brunch erfordert eine gewisse Vorbereitung, aber für ein größeres Familientreffen lohnt sich der Aufwand. Sie werden eine interessante Beobachtung machen: Die Gäste essen weniger als bei einem »normalen« Sonntagsbrunch, weil ohne Weizen der Reiz zum Überessen ausbleibt. So können alle die guten Gerichte genießen, ohne sich um die Figur zu sorgen und – wichtig für alle Diabetiker – ohne starken Blutzuckeranstieg. Das Menü:

- Lachswraps (siehe Seite 180)
- Gefüllte Wasabi-Eier (siehe Seite 160)
- Champignoncremesuppe mit Schnittlauch (siehe Seite 142)
- Fleischbällchen in Rotweinsauce (siehe Seite 168)
- Einsiedler-Champignons (siehe Seite 197) oder marinierte Champignons (siehe Seite 195)
- Fischfilet Amandine (siehe Seite 268)
- Hähnchen-Piccata (siehe Seite 257) oder Barbecue-Huhn im Speckmantel (siehe Seite 254)
- Zucchini-Tomaten-Pfanne (siehe Seite 202)
- Apfelstreuselmuffins (siehe Seite 330), Florida-Cupcakes (siehe Seite 322), Grüntee-Cupcakes mit Pistazien (siehe Seite 324),

Mandarinen-Cupcakes (siehe Seite 326) oder Macadamia-Muffins (siehe Seite 328)
- Je nach Anlass: trockener Champagner (brut, extra brut), Sekt oder Prosecco

Für kalte Tage

Wenn es kalt ist, vermitteln bestimmte Gerichte gerade im Winter ein wohliges Gefühl. Wie alle weizenfreien Rezepte aus meinem Buch kann man diese Gerichte bedenkenlos essen UND sich dabei wohlfühlen. Das Menü:

- Muschelsuppe New England (siehe Seite 152) oder Champignoncremesuppe mit Schnittlauch (siehe Seite 142)
- Wraps mit Champignons (siehe Seite 176) oder mit Eiersalat (siehe Seite 175)
- Käsekuchenmuffins mit Beeren (siehe Seite 314)

Grillparty

Hier ist Schlichtheit Trumpf – genießen Sie den herrlichen Tag, ohne lange in der Küche zu stehen. Die Pita-Chips kann man gut vorab zubereiten. Auch den Tee kocht man am besten schon vor.

- Guacamole (siehe Seite 60) und Pita-Chips (siehe Seite 50)
- Rippchen* mit Barbecuesauce (siehe Seite 61)
- Gegrillter grüner Spargel oder anderes Gemüse*
- Mini-Schokoladenkuchen (siehe Seite 320)
- Eistee mit frischer Minze*

Anhang

Quellen und Links

Für Menschen mit Zöliakie oder Glutensensitivität stehen viele Informations- und Bezugsquellen zur Verfügung. Wichtig ist, versteckte Glutenquellen zu erkennen, aber auch, Restaurants und Geschäfte ausfindig zu machen, die glutenfreie Gerichte und Produkte anbieten. Außerdem muss man einen Arzt finden, der sich mit den speziellen Bedürfnissen von Zöliakiepatienten auskennt.

Weizenwampe und das *Weizenwampe-Kochbuch* gehen davon aus, dass Weizenverzicht nicht nur bei Zöliakie und Glutensensitivität entscheidend ist, sondern auch Nichtbetroffenen hilft. Der dadurch steigenden Nachfrage nach weizenfreien Produkten dürfte schon bald ein entsprechendes Angebot gegenüberstehen.

Für den Einstieg finden Sie nachfolgend verschiedene Bezugsquellen und Links zu Produkten, mehr weizenfreien Rezepten und Informationen sowie Hinweise für Menschen mit Zöliakie und Glutensensitivität.

Unter dem Stichwort »glutenfrei einkaufen« finden Sie im Internet darüber hinaus diverse Angebote unterschiedlicher Hersteller sowie spezialisierte Online-Shops.

Nüsse, Samen und Nussmehle

Vergleichen Sie die Preise in den Supermärkten vor Ort mit denen zuverlässiger Händler aus dem Internet. Viele Nusssorten gibt es fertig gemahlen tütenweise zu kaufen. Ansonsten kann man sie leicht selber mahlen. Samen und Kerne werden selten in gemahlener Form angeboten, so dass sich die Anschaffung einer guten Küchenmaschine oder Kaffeemühle durchaus lohnt.

Beachten Sie gerade bei Nüssen bitte auch aktuelle Meldungen zu Schadstoffgehalt und eventueller Schimmelpilzbelastung.

Testergebnisse von Stiftung Warentest und anderen Anbietern liefert beispielsweise das Portal Testberichte.de:

http://www.testberichte.de/testsieger/level3_suesses_knabbereien_nuesse_346.html

Süßungsmittel

Gängige Süßungsmittel wie flüssige Stevia oder Steviapulver (reine Stevia oder mit Inulin) sowie Truvia sind oft im Supermarkt oder im Reformhaus erhältlich.

Erythrit und Xylit müssen Sie möglicherweise bestellen. Die Händlerliste des Portals Xylit-Xylitol führt verschiedene Anbieter aus Deutschland und Österreich auf:

http://www.xylit-xylitol.de/haendler-onlineshops.html

Shirataki-Nudeln

Diese Nudeln finden Sie in Asiamärkten und in manchen Supermärkten im Kühlregal, oder Sie müssen sie online bestellen. Probieren Sie verschiedene Marken aus, es gibt durchaus Qualitätsunterschiede.

Informationen bei Zöliakie und Glutenunverträglichkeit

Deutsche Zöliakie Gesellschaft e.V.

Informationen für Betroffene und ihre Familien, Rezepte, Koch- und Backkurse, Positivlisten für glutenfreie Produkte und Medikamente und vieles mehr: www.dzg-online.de

Österreichische Arbeitsgemeinschaft Zöliakie

Informationen für Betroffene, Zöliakie-Pass und vieles mehr: www.zoeliakie.or.at

Bei der Österreichischen Arbeitsgemeinschaft Zöliakie gibt es auch Informationen über Zöliakie in diversen Sprachen (nützlich für den Urlaub)

http://www.zoeliakie.or.at/Medien/Daten/Fremdspracheninfo.pdf

IG Zöliakie der Deutschen Schweiz

Neben allgemeinen Informationen findet man unter »Angebote« pro Sprachregion eine Untergesellschaft, bei der man auch für die italienische und französische Sprachregion regionale Bezugsquellen und Restaurants abfragen kann, zum Beispiel für den Urlaub: www.zoeliakie.ch

Glutenfreie Arzneimittel und Kosmetika

Die bereits erwähnten Zöliakie-Gesellschaften aus Deutschland, Österreich und der Schweiz führen Listen für glutenfreie Medikamente.

Die Schweizer Liste ist hier einsehbar:

http://www.zoeliakie.ch/download/medikamenteliste.pdf

Die Liste der DZG steht Mitgliedern kostenlos zur Verfügung.

Wer unter Zöliakie oder Glutenunverträglichkeit leidet und Arzneimittel benötigt, sollte Arzt und Apotheker unbedingt darauf aufmerksam machen, dass das gewählte Mittel glutenfrei sein muss. In diesem Fall darf die Apotheke auch kein kostengünstigeres Ersatzmedikament aushändigen, das möglicherweise auf Weizenstärke basiert.

Achten Sie auch bei frei verkäuflichen Arzneimitteln oder Ergänzungsmitteln stets auf die Liste der Inhaltsstoffe. Glutenfreie oder laktosefreie Produkte sind in der Regel entsprechend gekennzeichnet. Ohne entsprechende Angaben sollten Sie auf der Hut sein.

Noch mehr Rezepte

Vielfach können Betroffene im Bereich der Paleo-Kochbücher fündig werden, da die Steinzeiternährung ebenfalls auf größere Mengen Getreide verzichtet und sich auf natürliche Produkte wie Gemüse, Fleisch und Eier stützt.

Manchmal wird jedoch übermäßig auf ungesunde Süßungsmittel wie Honig, Ahornsirup oder Agavensirup gesetzt. Oder die

Autoren verlassen sich auf Stärkequellen wie Süßkartoffeln, Yams und Reis. Diese Kohlenhydratträger sind zwar durchaus sicherer als Weizen und Zucker, in größeren Mengen aber immer noch ungesund. Die jeweilige Einzelportion sollte eine Handvoll (125 Milliliter oder Gramm) nicht übersteigen.

Dieser Hinweis gilt auch für glutenfreie Kochbücher, die gern mit glutenfreiem Ersatzmehl aus Reis, Mais, Kartoffel, Tapioca oder entsprechenden Mischungen arbeiten. Davon rate ich ausdrücklich ab. Überblättern Sie diese Rezepte, und stützen Sie sich auf solche ohne glutenhaltige Stärke.

Webseiten

Urgeschmack
Felix Olschewskis Blog bietet Informationen, Rezepte, Bezugsquellenhinweise (siehe Shop) und ein Urgeschmack-Forum sowie die Möglichkeit, seine mittlerweile sechs Kochbücher zu erwerben:

http://www.urgeschmack.de

Zöliakie-Treff
Ein Forum mit der Möglichkeit, sich verbandsunabhängig auszutauschen. Mit Kontaktbörse für Selbsthilfegruppen und regionale Foren sowie umfangreicher Linkliste zu zahlreichen Stichpunkten:
www.zoeliakie-treff.de

Kochbücher

Amsterdam, Elana: Moderne Paleo-Küche: Genuss ohne Gluten, Getreide und Milch. Aus dem Englischen von Birgit Irgang. Books4success Kulmbach, 2015.

Carpender, Dana: 500 Paleo-Rezepte: Natürlich, köstlich, glutenfrei. Aus dem Englischen von Imke Brodersen. Goldmann, München 2015.

Davis, Dr. William: Weizenwampe. Das Kochbuch. Gesund und schlank ohne Weizen. Mit 120 Rezepten. Aus dem Englischen von Imke Brodersen. Goldmann, München 2014.

Marsden, Keris, und Whitmore, Matt: Paleo. Die Steinzeitdiät. Gesund abnehmen & natürlich leben. Über 100 leckere & schnelle Rezepte. Aus dem Englischen von Imke Brodersen. Goldmann, München 2014.

Olschewski, Felix: Das Urgeschmack-Kochbuch. Jeden Tag gesund und lecker. Books on Demand, Norderstedt 2014. (Weitere Bücher von Felix Olschewski auf seiner Website *Urgeschmack*, siehe Links).

Perlmutter, David: Dumm wie Brot – Das Kochbuch: So verhindern Sie, dass Weizen Ihr Gehirn zerstört. Über 150 glutenfreie Rezepte. Aus dem Englischen von Imke Brodersen. Goldmann, München 2015.

Sanfilippo, Diane, Staley, Bill und Wolf, Robb: Das große Buch der Paläo-Ernährung. Aus dem Englischen von Martin Rometsch. Riva, München 2014.

Mehr zum Thema Weizen und Ernährung

Cordain, Loren: Die Paleo-Ernährung. Das revolutionäre Ernährungs- und Lifestylekonzept für Fitness, Gesundheit und Gewichtsmanagement. Aus dem Englischen von Jens Freese. Deutscher Trainer Verlag, Köln 2014.

Cordain, Loren: Das Getreide – Zweischneidiges Schwert der Menschheit: Unser täglich' Brot macht satt, aber krank. Ernährung mit Getreideprodukten kann die Gesundheit ruinieren. Aus dem Englischen von Klaus Arndt. Novagenics, Arnsberg 2004.

Davis, Dr. William: Weizenwampe. Warum Weizen dick und krank macht. Aus dem Englischen von Imke Brodersen. Goldmann, München 2013.

Lutz, Wolfgang: Leben ohne Brot. Die wissenschaftlichen Grundlagen der kohlenhydratarmen Diät. 16. Auflage. Informed, Gräfelfing 2004.

Perlmutter, David: Dumm wie Brot: Wie Weizen schleichend Ihr Gehirm zerstört. Aus dem Englischen von Imke Brodersen. Goldmann, München 2014.

Wheat-Free Research and Education Foundation

Eine von Dr. William Davis mitbegründete Stiftung zur Erforschung, Wissensvermittlung und Information rund um die Frage, inwiefern Weizenkonsum gefährlich ist und welche Vorteile mit der weizenfreien Lebensweise verbunden sind.

www.wheatfreeref.org

Rezeptverzeichnis A-Z

Rezeptverzeichnis nach Kategorien

Kleine Gerichte und Beilagen

Hauptgerichte

Desserts und Naschideen

Menü für besondere Anlässe

Sach- und Zutatenregister

S

T